Erhard Busek | Anton Pelinka

UNSERE ZEIT

Erhard Busek
Anton Pelinka

UNSERE ZEIT
Vorwärts gedacht. Rückwärts verstanden.

Galila Verlag

Das Leben wird rückwärts verstanden,
aber vorwärts gelebt.

(Søren Kierkegaard)

INHALT

EUROPA

Busek: Ich habe mir bei der Vorbereitung für dieses Buch überlegt, seit wann wir uns kennen?

Pelinka: Seit dem Frühjahr 1966.

Busek: Ja, es ist schon ewig her.

Pelinka: Du warst Sekretär des ÖVP-Parlamentsklubs, ich war Redakteur der „Furche", die damals als „linkskatholisch" galt, was immer das zu bedeuten hat. Kurz nach dem Amtsantritt der ÖVP-Alleinregierung – das war die erste Alleinregierung in der Geschichte der Republik – lernte ich dich im Katholischen Akademikerverband kennen. Du hast einen Vortrag über die Chancen der Regierung Klaus gehalten, und mir fiel auf, dass du mit erfrischender, auch punktuell sehr kritischer Distanz von deiner Partei sprachst. Das war damals ungewöhnlich, weil die noch immer vorherrschende Lagermentalität zu einer verinnerlichten Parteidisziplin beitrug.

Busek: In meiner Erinnerung sind wir beide Kinder des 9. Wiener Gemeindebezirks Alsergrund. Du bist allerdings am Himmelpfortgrund in der Pfarre Canisius aufgewachsen, ich im tiefer gelegenen Lichtental. Beide waren wir Ministranten, du bei der Marianischen Kongregation und ich bei der Katholischen Mittelschuljugend. Aber näher kennengelernt haben wir uns erst, das hast du schon gesagt, während deiner Zeit bei der „Furche", weil auch meine Frau eine Zeit lang für diese Wochenzeitschrift gearbeitet hat.

Pelinka: Hat es damals in deiner Gedankenwelt schon ein Europa gegeben?

Busek: Als ich politisch zu denken begonnen habe, hat es ein Europa im heutigen Sinn nicht gegeben. Natürlich hat es den Kontinent mit seiner Geographie gegeben und eine europäische Geschichte, aber Europa hat man nicht im Sinne einer Einheit gedacht. Warum das so ist, kann ich erklären: Ich bin 1941 geboren, also in der Zeit des Zweiten Weltkrieges, und nach 1945 hat man sich mit *Österreich* beschäftigt – die Welt hat 60 Kilometer weiter östlich und 80 Kilometer nördlich von Wien am Eisernen Vorhang aufgehört.

Pelinka: Wir wussten zwar, dass Europa jenseits des Eisernen Vorhangs weiter geht, aber es existierte in unseren Köpfen praktisch nicht. Ich hatte zum ersten Mal im Jahr 1964 Bratislava und 1965 Prag besucht, nachdem es von der CSSR Visa-Erleichterungen gegeben hatte.

Busek: Ein Vorbote des Prager Frühlings.

Pelinka: Prag war ein besonders faszinierendes Erlebnis und eröffnete mir, was ich zwar wusste, aber noch nicht erfahren hatte, nämlich dass ein Europa auch jenseits des Eisernen Vorhanges existierte.

Busek: Genau so war es. Für mich gab es nur einen einzigen Hinweis auf diese Welt dort drüben, der stammte aus den Erzählungen meiner Eltern und Großeltern. Meine Familie kommt aus dem Baufach, und sowohl mein Vater als auch mein Großvater hatte überall in der Mitte Europas herumgebaut.

Pelinka: Tatsächlich?

Busek: Ja, mein Großvater und mein Vater waren im Baufach tätig, beide auf dem Boden der alten Monarchie bzw. in den Nachfolgestaaten. Mein Großvater hat schon in früher Jugend für das Architektenbüro Fellner & Helmer auf Baustellen gearbeitet.

Pelinka: Ferdinand Fellner und Hermann Helmer, zwei berühmte Architekten, die sich auf den Bau von Theater- und Opernhäusern spezialisiert haben.

Busek: Richtig. Sie haben 42 Opern- und Theaterhäuser gebaut, vom Schauspielhaus in Hamburg über das Wiener Volkstheater bis hin zum Opernhaus in Odessa, das am weitesten östlich gelegene. Das war für meinen Großvater eine Legende. Er hat mir seinerzeit davon erzählt, und ich hatte nicht die geringste Ahnung, wo überhaupt Odessa liegt. Ich habe es selbstverständlich später besucht.

Pelinka: Das waren ja richtige Fließbandproduktionen.

Busek: Ja, die stehen wirklich überall. So habe ich natürlich eine Idee davon bekommen, dass da noch etwas jenseits des Eisernen Vorhangs gewesen sein muss, aber das waren historische Erinnerungen. Das Zusammenwachsen Europas in den Jahrzehnten nach dem Zweiten Weltkrieg habe ich natürlich mit großem Interesse verfolgt, aber das Bewusstsein von einem *einzigen* Europa ist in mir erst mit dem Zusammenbruch des Eisernen Vorhangs aufgekommen. Ich muss gestehen, dass ich in meiner Jugend ein Euro-Skeptiker war. Beispielsweise sind wir im Gymnasium gefragt worden, ob wir die europäische Integration begrüßen? Und ich habe geantwortet: „Das wird nie funktionieren." Daraufhin hat mich die Lehrerin gefragt: „Was sollten wir stattdessen tun?" Meine Antwort war: „Weiterwursteln auf diesem Kontinent."

Pelinka: Ich nehme an, du warst im Gymnasium ein guter Schüler?

Busek: Ich muss gestehen, ja. Ein Vorzugsschüler – leider. So etwas zu sagen, hört sich bei einem Politiker nie gut an.

Pelinka: Der Winston Churchill hat immer damit geprahlt, ein schlechter Schüler gewesen zu sein.

Busek: Ich habe alle schlechten Eigenschaften gehabt, ich war auch Klassensprecher. Jetzt frage ich aber dich: Wie sehen deine frühen Erinnerungen an Europa aus?

Pelinka: Ich bin auch in Wien aufgewachsen, und hier gab es amerikanische, sowjetische, französische und britische Soldaten. Für mich war dieser Sonderfall der Nachkriegszeit so dominant, dass ich mir über die Zukunft des Kontinents keine Gedanken gemacht habe. Dass begeisterte Europäer die Grenzbalken zwischen Frankreich und Deutschland aufgehoben haben, habe ich zwar mitbekommen, aber das hat mich nicht tangiert. Das hat sich erst geändert, als ich mich als Politikwissenschaftler mit der europäischen Integration befassen musste. Aber so richtig von Herzen kam dieses Interesse auch damals nicht. Ich erinnere mich, dass ich im Jahr 1990/1991 an die Universität Harvard kam, um über das Thema *Smaller European Democracies in Europe* zu forschen, und dieses Thema ist mir irgendwie zwischen den Fingern zerronnen.

Busek: Warum das?

Pelinka: Vor allem, weil in dieser Zeit Jugoslawien zu zerfallen begann. Seit damals ist der Ausdruck *Small is beautiful* für mich nicht mehr sympathisch.

Busek: *Small* klingt grauslich, wer will schon klein sein?

Pelinka: Ja. Hinzu kam, dass die österreichische Neutralität nach dem Ende des Kalten Krieges ihre Funktion verloren hat, sie war nur noch Selbstzweck und damit sinnlos. Und aus diesem Grund empfand ich die europäische Integration als etwas Positives. Österreich war ja damals auf dem Weg in die EU.

Busek: 1989 der berühmte Brief an Brüssel …

Pelinka: … der Antrag zur Aufnahme Österreichs in die Europäische Union. Bis zur Volksabstimmung im Jahr 1994 habe ich mich dann aktiv für den Beitritt Österreichs engagiert. Auch später für die Erweiterung der EU.

Busek: Hast du eine Idee, wie es sinnvoll weitergehen könnte mit der Idee von Europa? Ich bin derzeit etwas ratlos.

Pelinka: Vermutlich wird es jetzt nach der Aufnahme Kroatiens 2013 mit der Erweiterung vorläufig zu Ende sein.

Busek: Glaube ich auch.

Pelinka: Aber wichtiger für die Entwicklung Europas ist die *Vertiefung*, diesbezüglich ist Europa stecken geblieben. Ich bin fasziniert von Jaques Delors, der rund um die Debatte zum *Vertrag von Nizza* ...

Busek: Der im Jahr 2000 beschlossen wurde ...

Pelinka: ... und mit dem für viele Beschlüsse im EU-Rat, anstatt der Einstimmigkeit, nur noch eine qualifizierte Mehrheit notwendig ist. Aber was ich eigentlich sagen will: Jaques Delors hat damals gewarnt, dass man zunächst an der Vertiefung der EU arbeiten müsste, bevor man sich an die Erweiterung macht. Das war politisch nicht durchsetzbar, weil vor allem die Regierungen in Berlin und Paris auf die sogenannte Osterweiterung gesetzt haben. Die Folge ist, dass sich Europa nicht in die Tiefe entwickelt hat: dass die EU-Institutionen zu wenig Kompetenzen haben, insbesondere Parlament und Kommission. Und daher haben wir diese sonderbare Situation, dass die Nationalstaaten – Deutschland, Ungarn, Italien, Portugal etc. – in Brüssel Innenpolitik machen und letztlich diese es sind, die entscheiden. Daran krankt dieses beste Projekt, das dieser Kontinent je gesehen hat: dass es zur Überwindung der Nationalismen durch die Überwindung der nationalen Souveränitäten kommt. Es gibt zwar sehr schöne Ideen, beispielsweise in den Umbau in die Vereinigten Staaten von Europa ...

Busek: Was schon vor langer Zeit Richard Coudenhove-Kalergi und Winston Churchill gefordert haben.

Pelinka: Der Erste war vermutlich der britische Labour-Führer James Keir Hardie. Er hat schon im Jahr 1914, sozusagen als Hilferuf vor dem Ausbruch des Ersten Weltkrieges, gefordert: *Retten wir Europa, gründen wir die Ver-einigten Staaten von Europa!* Damit ist er gescheitert. Und dieses Nicht-Europäische-Denken hat sich ein dreiviertel Jahrhundert später wiederholt. Das zeigte sich, als das Ende der kommunistischen Systeme zu einer nationalistischen Explosion führte. Unter der Fassade eines rhetorischen Internationalismus à la Lenin hatte der Nationalismus des frühen 20.Jahrhunderts weitergelebt und kam nun an die Oberfläche. Und Europa wusste zunächst nicht, wie es reagieren sollte. Als im Jahr 1991 der Jugoslawien-Krieg ausgebrochen ist, hat der damalige Präsident George H. W. Bush erklärt: Das sei eine europäische Angelegenheit. Und was haben die Europäer gemacht oder nicht gemacht? Sie haben diesen schrecklichen, einzigen wirklichen Krieg auf europäischem Boden nach 1945 verkommen lassen. Erst als Bushs Nachfolger, Bill Clinton, erklärt hat: Da schauen wir nicht mehr länger zu, dass niederländische Blauhelme aufsalutieren, wenn in Srebrenica Männer und Kinder ...

Busek: ... erschossen werden.

Pelinka: Clinton hat aus innenpolitischen Gründen mili-tärisch am Balkan eingegriffen, und danach kam Richard Holbrooke mit dem Friedenskonzept. Das ist eine Schande für Europa, dass Europa selbst dazu nicht fähig war. Und ich sehe bis heute nicht den politischen Willen, dass die Visionen von einem gemeinsamen Europa, die bis auf Keir Hardie und dessen Vision von 1914 zurückgehen, umge-setzt werden. Was ich sehe, ist ein Klein-Klein-Denken bei Politikern, die Kompetenzen in die Nationalstaaten zurück-verlagern wollen. Und das ist genau das Gegenteil dessen, was Europa braucht.

Busek: Ich habe seit 1996 eine Gastprofessur an der Duke-Universität in North Carolina. Den Ruf bekam ich vor allem, weil man sich nach den Kriegen in Kroatien und Bosnien für die Entwicklungen in Südosteuropa interessierte. In den USA war der Dayton-Vertrag sehr präsent. Das Dayton-Abkommen, das den Krieg in Bosnien und Herzegowina zu einem Waffenstillstand brachte, war 1995 unter Federführung von Richard Holbrooke zustande gekommen. Es war aber keine Verfassung, und in Wahrheit hatte es keinen Frieden gebracht, aber immerhin einen Waffenstillstand. Die Probleme sind nach wie vor ungelöst.

Pelinka: Die Amerikaner waren da sehr engagiert.

Busek: Ich möchte klar sagen, dass es die Clinton-Administration war, die den Frieden am Balkan gebracht hat, während die Europäer kaum präsent waren. Wahrscheinlich war die Handlungsfähigkeit der europäischen Institutionen dafür nicht groß genug. Aber ich glaube nicht, dass die Europäer daraus etwas gelernt haben. Ich muss jedenfalls feststellen: Ich habe diese Gastprofessur an der Duke-Universität immer noch, aber in den USA ist das Interesse an Europa verschwunden.

Pelinka: Die schauen nach Asien.

Busek: Richtig, die schauen nach Asien. Ich möchte aber bei den Entwicklungen in Europa bleiben. Ich denke, der Nationalstaat verliert sukzessive seine Bedeutung. Das ist verständlich, wenn wir uns die Probleme ansehen, ich erwähne als Beispiel nur den ökologischen Bereich, die Klimaerwärmung, dieses Problem ist nur kontinental bzw.

global zu lösen. Da muss Europa als Ganzes sprechen und das muss weltweit umgesetzt werden. Weil die Regierungen der europäischen Mitgliedsstaaten Angst davor haben, an Bedeutung zu verlieren, versuchen sie, ihre Bedeutung auf anderen Wegen zurückzuholen, ohne überhaupt in der Lage zu sein, die Probleme lösen zu können. Und in der Folge spielt Europa nur noch eine Statistenrolle.

Pelinka: Wie wir aktuell bei den Verhandlungen mit dem Iran über die Atomfrage gesehen haben. Es agierte der eine oder andere europäische Staat, nicht aber die EU als Ganzes.

Busek: Einzig das europäische Parlament gibt Anlass zu Hoffnung. Das artikuliert sich relativ unabhängig von den Mitgliedsstaaten, und das hat damit zu tun, dass es dort keine Koalition gibt, die nur noch bereits ausgemachte Lösungen verabschiedet, sondern es müssen jeweils zu den Lösungen erst Mehrheiten gesucht werden, sodass die Qualität der Debatten zunimmt.

Pelinka: Es ist auch interessant, dass österreichische Europa-Parlamentarier auf der europäischen Bühne sehr erfolgreich agieren. Das gilt für den Hannes Swoboda, der Fraktionsvorsitzender der Sozialdemokraten ist, das gilt für Othmar Karas, Vizepräsident des europäischen Parlaments, das wird man ja nicht, wenn man nur die Hand hebt, und Ulrike Lunacek ist Kosovo-Beauftragte. Aber das wird in Österreich kaum wahrgenommen. Da orte ich eine Faulheit der Öffentlichkeit, sich nicht die Mühe zu machen und zu schauen, wo Politik stattfindet. Daher kommen aber populistische Argumente so gut an: Europa wird als Ausland wahrgenommen, die EU ist ein bequemer Sündenbock, und das dumme Gerede von den „nicht gewählten Bürokraten in Brüssel" bleibt zumeist unwidersprochen stehen – als würde die Europäische Kommission nicht vom Europäischen Parlament gewählt werden.

Busek: Dazu möchte ich eine mich schmerzende Beobachtung anfügen. Eines der Hauptargumente für die Europäische Union ist, dass die EU ein Friedensprojekt ist. Leider höre ich immer öfter, gerade von jungen Leuten: „Ah geh, Frieden haben wir ja eh, dazu brauchen wir nicht die EU." Das stimmt nicht! Man braucht nur in die Geschichtsbücher zu blicken und sieht, wie lange wir schon keinen Krieg mehr hatten.

Pelinka: Zwischen 1870 und 1940 sind deutsche Armeen drei Mal in Frankreich eingefallen. Heute ist das unvorstellbar. Und meine Studenten reagieren dann mit: „Eh klar, ist ja völlig undenkbar!" Es ist vorbei! Das ist eine Aggression gegenüber Nachbarn, die heute ausgeschlossen ist. Man braucht ja nur Jules Verne zu lesen, was der über die Deutschen schreibt: die sind das Letzte! Und die allerschlimmsten Deutschen sind die deutschen Juden. Und genauso Karl May: Wenn der über die Franzosen schreibt, die sind das Letzte vom Letzten überhaupt, da steckt eine ungeheure Abneigung und Aggression dahinter.

Busek: Das ist in Europa für immer vorbei. Gut, für den Balkan lege ich nicht meine Hand ins Feuer. Aber der Zusammenbruch des Sowjetimperiums hätte in früheren Zeiten Kriege verursacht, da bin ich mir ganz sicher.

Die Perspektive, Teil der Europäischen Union zu werden, war für viele Länder todsicher ein stabilisierender Faktor. Das darf man nicht unterschätzen. Denken wir nur an die Balkankriege in unmittelbarer Nachbarschaft, und gegenwärtig sehen wir im Mittleren Osten alle Grauslichkeiten, die überhaupt nur denkmöglich sind. Wir brauchen daher auch in Österreich eine Auseinandersetzung damit, was unser Beitrag zum Frieden sein kann. Bislang ist der einzige Beitrag dazu, dass wir vom Golan abgezogen sind. Das ist ein Zeichen der Ignoranz der österreichischen Innenpolitik.

Pelinka: Auch wie das gelaufen ist! Das haben im Prinzip die Boulevard-Medien vorgegeben: *Ihr werdet schon sehen, wenn der erste österreichische Soldat im Sarg nachhause geliefert wird, was wir dann für ein Theater machen werden.* Sofort ist die Bundesregierung zurückgeschreckt. Um Gottes willen! Wenn schon, dann sollen amerikanische Soldaten für den Frieden fallen, nicht österreichische! Das heißt, einerseits ist da eine Ängstlichkeit, zum anderen beharren wir auf unserer Neutralität, die niemand außerhalb Österreichs erklären kann, worin sie eigentlich besteht …

Busek: Innerhalb aber auch nicht.

Pelinka: Da gibt es aber die interessante Antwort: Deswegen haben wir Frieden. Völlig sinnlose, falsche Antwort! Bezeichnend war auch das Volksbegehren über die *Allgemeine Wehrpflicht.* Niemand hat darüber gesprochen, wozu das Militär da ist, geredet wurde über den Zivildienst: *Die armen Buam sollen net gezwungen werden, zum Militär zu müssen …*

Busek: Tatsächlich hat das Rote Kreuz das Volksbegehren entschieden.

Pelinka: Aber das ist doch absurd: wir haben ein Militär und niemand sagt uns, wozu wir ein Militär haben. Und die einzige Antwort kann ja nur sein: Wenn wir ein Militär haben, dann brauchen wir es im europäischen Kontext. Wir müssen ja nicht die Grenze zu Südtirol verteidigen. Allein für die Katastrophenhilfe brauchen wir kein Militär.

Busek: Aber gerade die Katastrophenhilfe ist eine wesentliche Funktion der EU. Ich erinnere an die jüngste Katastrophe auf den Philippinen, an die Sturmfluten mit vielen tausenden Toten. Das war wirklich beeindruckend, als die Amerikaner nach wenigen Tagen einen Flugzeugträger vor den Inseln hatten. Dagegen braucht die EU wahnsinnig lange, bis sie mobilisiert. Also, wenn ich unsere Argumente zusammenfasse, muss ich sagen: Insgesamt habe ich die Sorge, dass die nächsten Europawahlen die Euroskeptiker stärken werden.

Pelinka: Ich bin da nicht ganz so skeptisch. Ich sehe in der Debatte um Europa zwar eine inhaltliche Leere, aber ich glaube, das Eigeninteresse des Parlaments ist momentan der einzige Motor, warum Europa nicht in Stagnation stecken bleibt.

Busek: Vielleicht sollten wir zwischendurch einmal die Struktur der EU erklären.

Pelinka: Die drei Entscheidungsorgane der Europäischen Union haben unterschiedliche Strukturen, hinter denen unterschiedliche Interessen stehen. Das Europäische Parlament wird direkt gewählt, noch immer primär auf Basis nationaler Parteien, hat natürlich ein massives Eigeninteresse, das Parlament selbst stärker zu machen. Stärker werden kann es nur, wenn es mehr Kompetenzen bekommt, was gleichzeitig heißt, dass die Nationalstaaten Macht verlieren. Das heißt: Eine Stärkung des Parlaments bedeutet eine Stärkung Europas.

Busek: Anders gesagt: Das Parlament ist ein Advokat Europas.

Pelinka: Der Rat besteht derzeit aus 28 Regierungsmitgliedern der Nationalstaaten, die primär daran denken: Was mache ich mit der Entscheidung, die ich in Brüssel gefällt habe, wenn ich nach Hause komme. Die Ratsmitglieder denken eher an die steirische Landtagswahl als an Europa.

Busek: Klassisches Beispiel aus jüngster Vergangenheit: Die Entscheidung über Griechenland wurde in Deutschland verschoben, weil in Nordrhein-Westfalen Wahlen waren.

Pelinka: Das ist auch verständlich, weil im EU-Rat Vertreter sitzen, die an nationale Wahlen denken müssen. Aber strukturell ist der Rat dadurch unfähig zu Reformen.

Busek: Du meinst eigentlich: er ist antieuropäisch!

Pelinka: Und zum Dritten gibt es eine Kommission, die aus einem nationalen Kompromiss heraus geboren wurde, mit dem inzwischen absurden Ergebnis, dass wir 28 Kommissare und Kommissarinnen haben, die jeweils von einem

Land nominiert werden. Doch sobald die Kommission steht, ist sie unabhängig von den Regierungen. Das heißt instinktiv: aus dem Bauch heraus ist die Kommission der Bündnispartner des Parlaments. Aber der Rat hat ein Vetorecht. Allerdings kann der Rat auch nicht das Rad zurückdrehen. Wenn also die Innenminister irgendetwas in die nationalen Kompetenzen zurückverlagern wollen, wird das auch nicht klappen. Dann kommt es eher zu einer Lähmung der Situation. Wenn man nun meint, dass angesichts der Globalisierung – ich zähle nur die Herausforderungen in Stichwörtern auf: Finanzkrise, Wirtschaftskrise, Massenarbeitslosigkeit, ökologische Krise, Migration – die Antwort lauten muss *Entnationalisierung* und nicht *Renationalisierung*, dann muss man auf das europäische Parlament hoffen.

Busek: Ich möchte nochmals auf das Problem des Europäischen Parlaments hinweisen, dass dessen Mitglieder national gewählt werden, das heißt, es kandidieren nationale Parteien. Also, wenn ich als Wähler für das Europäische Parlament votiere, muss ich in Österreich für Kandidaten der ÖVP, SPÖ, FPÖ votieren. Warum gibt es keine europäischen Parteien mit europäischen Kandidaten? Das würde auch dazu führen, dass es europäische Programme gibt. So behandeln die Wahlkämpfe in Österreich für das europäische Parlament immer nur österreichische Anliegen und nicht europäische. Wir brauchen also europäische Wahlen. Wer verhindert das? Die nationalen Parteien und die nationalen Regierungen! Für den Wähler geht es dadurch bei den Europawahlen scheinbar um Nichts, und wenn es um Nichts geht, braucht man auch nicht wählen zu gehen.

Pelinka: So wie jetzt geht es bei den Wahlen nur darum, den eigenen Regierungen eins auszuwischen. Es gibt aber Gespräche darüber, dass diejenige europäische Fraktion, die als stärkste aus den Parlamentswahlen herausgeht, den Anspruch haben soll, den Kommissionspräsidenten zu stellen. Also, die Europäische Volkspartei (EVP) nennt *vor* der Parlamentswahl eine Person, etwa Jean-Claude Juncker, genauso die Sozialdemokraten …

Busek: Martin Schulz, der Präsident des Europäischen Parlaments, …

Pelinka: Und nach der Wahl spielt das Europäische Parlament seine Macht aus, denn der Präsident der Kommission, wie ja die Kommission insgesamt, müssen von der Mehrheit des Europäischen Parlaments bestätigt werden. Das heißt, das Parlament kann sich auf seine Beine stellen und sagen: Wir wählen nur den zum Präsidenten, der im Parlament aufgestellt wurde – ob Juncker oder Schulz. So etwas in diese Richtung ist ja schon passiert: 2004 hat sich zum ersten Mal das Parlament gegen die italienische Nominierung in die Kommission gestellt. Rocco Buttiglione war als Vizepräsident der Europäischen Kommission und als Kommissar für Justiz nominiert, wurde aber vom Parlament mit Erfolg abgelehnt. Das Europäische Parlament hat also Machtinstrumente. Und falls es den großen Fraktionen gelingt, eine solche Vereinbarung, wie oben erwähnt, zusammenzubringen, dann könnte auch die Bestellung der Europäischen Kommission parlamentarisiert werden.

Pelinka: Um das Problem der EU zu beschreiben, kann ich ein interessantes Beispiel aus dem Jahr 2009 wiedergeben.

Vor den letzten Wahlen des Europäischen Parlaments gab es eine Initiative – das ist kein Beschluss, sondern zunächst eben nur eine Initiative – und es ging darum, dass die Migrations- und Asylpolitik von der nationalen auf die europäische Ebene gehoben wird. Diese Initiative hat im europäischen Parlament eine Mehrheit bekommen. Aber wie haben die österreichischen Abgeordneten gestimmt? Die österreichische Regierung hat die Botschaft ausgesendet: Wir sind dagegen! Daraufhin haben jene Abgeordnete von SPÖ und ÖVP, die gewusst haben, sie kommen ohnedies nicht mehr ins Parlament, mit der Mehrheit *für* die Europäisierung gestimmt. Jene Abgeordneten, die gewusst haben, dass sie wieder ins Parlament kommen, haben mit der österreichischen Regierungslinie gestimmt. Und das zeigt, was gespielt wird.

Busek: Wo ist die Unabhängigkeit des *freien* Mandats?

Pelinka: Genau! Das freie Mandat ist immer dann frei, wenn man nicht mehr gewählt werden kann. Dann kann man frei sein. Da fallen mir Clinton, Obama, Bundespräsident Heinz Fischer ein – alle in der zweiten Amtsperiode.

Busek: Daher ist es notwendig, mehr europäische Öffentlichkeit zu schaffen. Sie finden in jedem europäischen Land Talkshows. Es gibt aber interessanterweise keine europäische Talkshow. Ich sage daher immer: Die einzige europäische politische Veranstaltung ist der *Eurovisions Song Contest*. Ich finde es interessant zu sehen, wie aus nationalen Gründen die Punkte vergeben werden. Das sollten mal Politikwissenschaftler analysieren. Mein Vorschlag ist: Die Songs wegzulassen und nur die Abstimmung durchzuführen, dann sehen wir, wer gibt wem die Stimme. Aber ohne Scherz: Wir brauchen mehr europäische Öffentlichkeit, weil die Medien in ungeheurem Ausmaß verprovinzialisieren.

Pelinka: Aber wie stellt man europäische Öffentlichkeit her? Ich weiß darauf nicht wirklich eine Antwort.

Busek: Sicherlich durch Medien wie ARTE.

Pelinka: Dieser Fernsehsender ist ja sozusagen ein Kind der deutschen Wiedervereinigung. Vieles ist damals, im Jahr 1990, in Europa weitergegangen, weil die deutsche Bundesregierung ein massives Interesse daran hatte, französische Ängste ruhigzustellen. Aus diesem Grund ist im Vertrag von Maastricht, 1992, die Währungsunion enthalten. Da steht sinngemäß drinnen: Wir geben die D-Mark auf, wenn ihr euren Widerstand gegen das wiedervereinigte Deutschland aufgebt. Das war vielleicht der letzte große Entwicklungsschub der Europäischen Union, und der Anlass war die deutsche Einigung, weil die deutsche Regierung gezwungen war, Ängste auszuräumen. Das heißt, die Wiedervereinigung hat nicht nur ein großes Deutschland geschaffen, sondern auch den Fernsehsender ARTE und den Euro. Das nunmehr wieder groß gewordene Deutschland musste vor allem gegenüber Frankreich seine europäische Verlässlichkeit demonstrieren und zeigen, dass es sich mehr denn je an die Gemeinschaft gebunden fühlt.

Busek: Eine andere Schwäche der EU sieht man auch an der sogenannten Osterweiterung in den Jahren 2004 und 2007, die nicht zu einer stärkeren Präsenz dieser Staaten in der EU geführt hat. Sie spielen kaum eine Rolle in der Gemeinschaft, was man daran ermessen kann, dass keine der führenden Funktionen mit Vertretern aus diesen Ländern besetzt wurde. Eine Ausnahme ist die zweijährige Präsidentschaft des Polen Jerzy Buzek, aber nachher kam nichts mehr dergleichen. Auch heute gibt es keine Diskussion über Persönlichkeiten diese Länder, obwohl genügend Kandidaten vorhanden wären.

Pelinka: Übrigens war ja diese sogenannte Osterweiterung in Wahrheit eine Erweiterung in der Mitte des Kontinents.

Busek: So ist es. Aber wenn man sich ansieht, wer dieses Europa positioniert, das sind eindeutig die westlichen Staaten des Kontinents. Ich glaube übrigens, dass Kroatien ohne den Balkankrieg lange vor Rumänien und Bulgarien in die EU gekommen wäre. Für Bosnien-Herzegowina sehe ich im Augenblick überhaupt keine Perspektive, was mich sehr schmerzt. Das muss man historisch sehen.

Pelinka: Da spielt sicherlich noch die Geschichte mit hinein: 1914 Sarajewo, der Erste Weltkrieg und die folgende Neugestaltung in diesem Bereich.

Busek: Insbesondere die Staaten in Südosteuropa laborieren immer noch am Nationalismus des ausgehenden 19. Jahrhunderts. Sie unterstreichen ihre jeweilige Identität, und erzeugen so eine Fülle von Problemen, vor allem mit ihren Minderheiten: In Kroatien gibt es Serben, in Serbien leben in der Vojvodina zahlreiche Minderheiten – Kroaten, Ungarn, Rumänen usw. – in Bosnien-Herzegowina sind die Spannungen zwischen Bosniaken, Kroaten und Serben offensichtlich, und das Dümmste in diesem Bereich ist der Streit um den Staatsnamen der ehemaligen Jugoslawischen Republik Mazedonien. Dafür muss sogar Alexander der Große herhalten, der schon ein paar Jahrtausende lang der Vergangenheit angehört.

Pelinka: In diesen Ländern hat es keine ausreichende Geschichtsbewältigung gegeben.

Busek: Hier darf auch das Wort *Versöhnung* verwendet werden. Das ist nicht passiert. Als Einziges gibt es eine holländische Stiftung, in der ich Vorsitzender bin, die daran arbeitet. Wir haben das sogenannte *Joint History Book Project* ins Leben gerufen. Es ging uns darum, Geschichtsbücher dieser Region zu vergleichen – das Ergebnis ist eine Grottenbahn. Die Geschichtsbücher sind voll von Größer-Rumänien, Größer-Bulgarien, Größer-Serbien usw. Meine einzige Antwort darauf ist immer: Ich selbst bin in Groß-Deutschland geboren und weiß, was daraus geworden ist. Wir sind jetzt mühselig dabei, die Geschichtsprofessoren von der Geschichte zu unterrichten, die schon passiert ist. Weißt du, Toni, das war ein *inhaltlicher* Fehler der EU, dass man *Bildung* ausgeklammert und gesagt hat: Bildung ist eine Angelegenheit der Nationalstaaten. Das ist ein ganz großes Defizit der EU. Wenn wir uns bemühen, Europa zu beschreiben, dann lautet ganz allgemein die Definition: Europa ist die Summe aus alter griechischer Philosophie, römischem Rechtsdenken, jüdisch-christlichem Religionsverständnis, der Aufklärung und der Moderne. Das müssen die Menschen auch *inhaltlich* begreifen, und das gehört über den Weg einer europäischen Bildung vermittelt. Ich persönlich denke, dass wir derzeit nicht über eine Reform der Institutionen reden müssen, sondern dass wir diese inhaltlichen Probleme angehen müssen.

Pelinka: Ich sehe das etwas anders, auch die Reform der Institutionen ist wichtig. Ich halte es zum Beispiel für einen extremen Sündenfall der Europäischen Union, dass Zypern aufgenommen wurde. Zum einen wegen des Territoriums, Zypern spricht für ein Territorium, das die Regierung in Nikosia nur zu 60 Prozent kontrolliert. Zum anderen wegen der Botschaft, die an die Türkei ausgesandt wurde: Zypern ist uns willkommen, weil es christlich geprägt ist – die Türkei hingegen nicht. Zum dritten, weil jeder Nationalstaat die Politik der Erpressung betreibt. Und sobald Griechenland erkannt hatte, wie stark das Interesse vor allem in Frankreich und Deutschland war, Polen und die anderen vormals kommunistischen Staaten in die Union zu bringen, hat Griechenland die Zypernkarte gespielt. Die griechische Politik nutzte das Drängen vor allem Deutschlands, Frankreichs, Großbritanniens und anderer, die vormals kommunistischen Staaten Mittel-Osteuropas aufzunehmen: Griechenland drohte mit einem Veto, sollte Zypern trotz der weiterhin vorhandenen Teilung nicht gleichzeitig aufgenommen werden. Damit war die Forderung, Zypern erst dann in die EU aufzunehmen, wenn die Teilung der Insel überwunden ist, lächerlich.

Busek: Hier fehlt das Stichwort: „Annan-Plan 2004", der vom Generalsekretär der Vereinten Nationen damals entwickelt wurde. Die Wiedervereinigung war vorgeschlagen, wurde aber nicht vor dem Beitritt Zyperns zur Europäischen Union durchgeführt.

Pelinka: Genau! Und da der Zug schon abgefahren war, haben die griechischen Zyprioten den Annan-Plan niedergestimmt. Und Zypern ist trotzdem Mitglied der Union geworden. Andernfalls hätte Griechenland 2004 bei der Aufnahme von Polen und der anderen mittel-osteuropäischen Staaten Probleme gemacht. Nun betreibt Griechenland eine analoge Erpressung im Fall Mazedonien, allein wegen des Staatsnamens und besteht darauf, dass Mazedonien nur als „Vormals jugoslawische Republik Mazedonien" agieren darf, und die Europäische Union muss sich das aufgrund ihrer Struktur gefallen lassen.

Busek: Die Mitgliedsstaaten hätten den Griechen längst klarmachen müssen, dass sie im Fall Mazedonien eine andere Linie fahren müssen. Aber da zeigt niemand Flagge, da will niemand dem anderen weh tun. Auch bei Zypern bin ich deiner Meinung. An sich war es immer das Prinzip der Europäischen Union, dass bestehende Konflikte mit anderen Staaten *vor* dem Beitritt zu lösen sind. Daher musste auch Österreich vor dem Beitritt das Südtirol-Paket abschließen – ich war selbst Regierungsmitglied in dieser Zeit. Das ist ein richtiges und sehr gutes Prinzip der Europäischen Union.

***

Busek: Die längste Zeit ist davon die Rede, dass man den europäischern Gedanken fördern soll. Hier ist sogar die Rede von einem europäischen Narrativ. Die Politik ist kaum dazu in der Lage, weil sie immer nur an die nächstliegenden Dinge, meistens an Wahlen, denken muss. Wir müssen darüber reden, wie man den europäischen Gedanken wirklich fördern kann.

Pelinka: Es muss aus der Gesellschaft kommen.

Busek: Stimmt! Von den Regierungen brauchen wir uns nichts zu erwarten.

Pelinka: Schauen wir uns an, was die europäische Gesellschaft in den vergangenen 30 Jahren massiv verändert hat, unabhängig von der europäischen Einigung. Da fällt mir als Politikwissenschaftler zunächst auf, der Anteil der Frauen in den europäischen Parlamenten hat sich vervielfacht. Innerhalb einer Generation. Wenn ich davon ausgehe, dass das nicht freundliche Geschenke waren, sondern das Ergebnis eines Wettbewerbs um die knappen Parlamentssitze der einzelnen Parteien ...

Busek: Und öffentlicher Kritik, dass die Frauen fehlen ...

Pelinka: Und dass Frauen in dieser Zeit begonnen haben, gender-spezifisch zu wählen, das heißt, die Frauen haben sozusagen mit ihrer Wählerstimme Prämien an jene Parteien vergeben, die verstärkt Frauen in ihre vorderen Reihen gelassen haben – wenn ich das summiere, ist klar, dass die Politik nur auf eine gesellschaftliche Strömung *reagiert* hat. Erwarten wir also nicht, dass Regierungen etwas vorgeben. Gute Regierungen erkennen rechtzeitig, woher der Wind weht und stellen ihre Segeln nach dem Wind. Mehr erwarte ich mir von Regierungen nicht.

Busek: Wo wir heute schon ein einziges Europa haben, um ein positives Beispiel zu nennen, ist der Kulturbereich. Da geht es um Qualität, und nicht um die Frage, woher jemand kommt. Ich kann das für das Musikleben behaupten.

Pelinka: Das sehe ich auch so. Was ich mir von einer Regierung erwarte, ist, dass sie das nicht behindert. Die großen Signale müssen aus der Gesellschaft kommen, wie schon erwähnt: aus dem Kulturbetrieb, dem Wissenschaftsbetrieb, dem ökonomischen Interesse der Unternehmen.

Busek: Ich war Generalsekretär des Österreichischen Wirtschaftsbundes und kann aus meiner eigenen Einschätzung sagen: Vor 1989 war die österreichische Wirtschaft ein Wurmfortsatz von Deutschland, alles, was dort gemacht wurde, haben wir nachgeahmt. Es gab den berühmten Spruch: *Wenn es in Deutschland regnet, spannen wir den Schirm auf.* Das hat sich – aus natürlichen Interessen – nach dem Beitritt zur EU geändert. Dieser und der Fall des Eisernen Vorhangs hat uns mehr Möglichkeiten gegeben und damit unsere Abhängigkeit von der deutschen Wirtschaft reduziert. Wir sind heute in vielen Bereichen „regional player" seitens der Unternehmen, was man uns früher nie zugetraut hätte. Eine positive Auswirkung hatte der EU-Beitritt innerhalb Österreichs auch auf die Balance zwischen Ost und West. Früher war Westösterreich stärker und reicher als der Osten, das ist nicht mehr so, es ist ausgeglichener, und das finde ich sehr positiv.

Pelinka: Ich habe selbst auch erst lernen müssen, dass die wirtschaftliche Dynamik der Marktwirtschaft das Zusammenleben über Grenzen hinweg fördert. Die gängige vulgär-linke Kritik am Kapitalismus, welche die EU gleichsetzt mit Profitmaximierung, überzeugt mich heute überhaupt nicht mehr. Im Gegenteil: Ich sehe, dass das Profitinteresse am größten Erfolg, den Europa je gehabt hat, mitverantwortlich ist. Wir hatten noch nie in Europa eine so lange

Periode des Friedens, der ständigen Zunahme des Wohlstands (jedenfalls bis vor wenigen Jahren) und der politischen Freiheit. Das hatten wir noch nie!

Busek: Ich möchte hier ein Beispiel anfügen. Ein ehemaliger Präsident der serbischen Nationalbank, damals noch jugoslawischen Nationalbank, ist heute Generaldirektor beim ungarischen Ableger einer österreichischen Bank, und spielt so auch in der österreichischen Finanzwirtschaft eine große Rolle. Warum? Einfach, weil er gut ist. Das heißt aber auch, dass der Begriff *Nationalökonomie* völlig überholt ist, die gibt es längst nicht mehr. Aber auch da ist die Politik hinten nach.

Pelinka: Die Wahrnehmung ist oft verzerrt. Wir sind auch gewöhnt, zu sagen: Die stärkste Volkswirtschaft sind die USA, dann folgen China, Deutschland und Japan. Doch in Wirklichkeit gibt es ein Kopf-an-Kopf-Rennen zwischen den USA und der EU. Wir haben einen Binnenmarkt, der eine gemeinsame Außenwirtschaftspolitik betreibt – und so gesehen ist Europa stark. Aber, natürlich, das geben diejenigen nicht gerne zu, welche nach wie vor von ihren nationalen Interessen phantasieren.

Busek: Wir brauchen uns ja nur Konzerne wie Mercedes oder BMW anzuschauen. Da sind die Beteilungsverhältnisse so, dass diese zu einem erheblichen Teil aus der Golfregion stammen. Und wenn die Deutschen stolz sagen, wie groß ihre Automobilindustrie ist – dann auch nur, weil sie einen Großteil in China produzieren. Die Erfinder des *Volkswagens* hätten sich das 1933 wohl nicht träumen lassen – eine Ironie der Geschichte!

Pelinka: Und der größte Stahlkonzern Europas ist in indischer Hand. Da existiert zwischen Wahrnehmung und Realität eine große Kluft. Und das beeinflusst die Politik dahingehend, dass sie noch immer so tut, als würde der Außenminister von Österreich oder Italien, wenn dieser einmal im Jahr bei der Generalversammlung der UN spricht, für Österreich oder für Italien sprechen. Er hat in Wahrheit für Österreich oder Italien, oder welches EU-Land auch immer, gar nichts zu sagen. Und genauso unbeweglich sind bislang die Vereinten Nationen: die kennen keine Europäische Union, sondern nur Deutschland, Frankreich, Italien, Österreich usw. Die Europäische Union hat sich eine gemeinsame Außen- und Sicherheitspolitik zum Ziel gesetzt, aber auf der Ebene der Vereinten Nationen spielt diese gemeinsame Politik keine erkennbare Rolle.

Busek: Das ist ein sehr guter Hinweis! Ich habe nie verstanden, warum Deutschland einem ständigen Sitz im Sicherheitsrat hinterher läuft. Dieses System ist völlig überholt. Die Franzosen und Engländer hätten längst zusammenpacken und durch einen Europa-Sitz ersetzt werden müssen.

Pelinka: Die Amerikaner waren clever! Bei der Debatte um die Reform des Sicherheitsrates waren sie gegen Nichts und für Alles. Sie waren für Japan und für Deutschland im Sicherheitsrat – wissend, dass daraus nichts wird. Denn Japan wurde von China blockiert, und Deutschland wurde von Großbritannien und Frankreich massiv gefördert, um zu verhindern, dass dadurch ihre eigene Mitgliedschaft hinterfragt wurde. Als Einziger hat sich Italien dafür ausgesprochen, dass die EU im Sicherheitsrat sitzen sollte.

35

Busek: Ja, warum? Weil's selbst nie drankämen.

Pelinka: Und das offizielle Österreich hatte selbstverständlich keine Meinung dazu. An diesem Beispiel sieht man: die Vereinten Nationen – es heißt ja schon *Nationen* – sind mit der Globalisierung überfordert. Und Europa ist nicht zufällig dort nicht vertreten. Ich vermute daher, dass die Bedeutung der Vereinten Nationen weiter sinken wird.

Busek: Das ist schon der Fall! Ich habe nur begrenzte Sympathien für das politische System Saudi-Arabiens. Aber die Mitteilung jüngst, dass sie „als nicht ständiges Mitglied" im Weltsicherheitsrat nicht mitwirken wollen, habe ich jedenfalls interessant gefunden. Das zeigt die derzeitige Relevanz dieser Einrichtung! Von dieser Ironie abgesehen, denke ich, dass man den Sicherheitsrat effektiver machen sollte, nicht abschaffen. Seit Jahren beobachte ich eine Klausur der Diplomaten, die im Sicherheitsrat der Vereinten Nationen tätig sind, parallel zum Europäischen Forum Alpbach. Man hat viel Gelegenheit zu Kontakten untereinander, und was man sieht, ist, dass sie keine Lösungen finden, sich aber in diesem Alpendorf wohl fühlen.

***

Busek: Weniger eine Zukunftsfrage als schon eine Gegenwartsfrage ist die globale Migration. Lampedusa, vor dieser Insel sind in den vergangenen Monaten so viele Menschen ertrunken, das ist ein europäisches Fanal. Dazu gibt es in Europa keine Diskussion, sondern nur von Italien die Forderung: Ihr müsst uns helfen! Aber das ist natürlich eine gesamteuropäische Aufgabe, die nicht „oben in der EU" diskutiert gehört, sondern in der Gesellschaft. Wir müssen damit rechnen, dass aufgrund ökologischer, nationaler, demokratischer Veränderungen in der Welt die Wanderbewegungen zunehmen. Es gibt in unserem Land eine eigenartige Schizophrenie: 1. Die Geburtenrate nimmt ab, 2. die Zahl der Österreicher nimmt zu. Ich habe schon beide Meldungen gleichzeitig auf der Titelseite einer Zeitung gesehen. Aber warum das so ist, das scheint kaum jemand zu hinterfragen. Dann hört man oft als Nebenbemerkung: Aber die Slowakinnen helfen uns, das Altenproblem zu lösen. Und manchmal hört man auch stolz: Der Herr Dogudan hat eine Weltfirma, nämlich das Catering-Unternehmen Do & Co, und der Herr Kutoglu ist ein bedeutender Modeschöpfer, das sind sozusagen die „netten Türken", die wir gerne bei uns in Österreich haben.

Pelinka: David Olatukunbo Alaba, Mutter von den Philippinnen, Vater aus Nigeria, der Sohn selbst ist in Wien geboren, spielt für Bayern München, österreichischer Sportler des Jahres 2013. Und dass Alaba heute in Österreich – weil erfolgreich – als einer „von uns" akzeptiert wird, ist ein interessantes Zeichen.

Busek: Aber dass dahinter auch das Phänomen der Migration steckt, wird nicht realisiert.

Pelinka: Wenn man in Österreich über Migration spricht, haben alle nur den Typus anatolischer Bauer vor Augen. Wir denken nicht an den chinesischen oder indischen Universitätsabsolventen, der ein Technologiestudium hinter sich hat und der woanders Karriere machen will.

Busek: Und der dringend bei uns gebraucht wird.

Pelinka: Dass der aber nach Amerika geht und gar nicht auf die Idee kommt, nach Europa zu kommen, das wird nicht hinterfragt. In Österreich hat man überhaupt nicht erfasst, dass die Migration ganz Europa betrifft. Die Leute, die in Lampedusa ankommen, wollen nicht nach Italien, schon gar nicht nach Lampedusa, sondern nach Europa. Eine österreichische Haltung ist auch, dass man es genießt, dass man keine Schengen-Außengrenze mehr hat – ohne das offen auszusprechen. Bei uns heißt es: Endlich, wir haben es hinter uns, sollen sich die anderen damit befassen. Wir bestehen auf Einhaltung des Dublin-Abkommens – worin der Asylantrag geregelt wird – und wir sind überhaupt nicht bereit, europäische Solidarität gegenüber Griechenland oder Italien oder Spanien zu üben, die momentan am meisten durch Migration leiden, weil Europa ihnen nicht bei der Lösung eines europäischen Problems zu Hilfe kommt.

Busek: Da fällt Österreich besonders negativ auf, weil das nicht einmal erörtert wird.

Pelinka: Wenn wir uns zum Beispiel an die Debatte erinnern, wie viele Syrer Österreich aufnehmen soll – da wurde tatsächlich zwischen christlichen und anderen Flüchtlingen unterschieden! Das war verräterisch! Hier denkt Österreich überhaupt nicht europäisch und schon gar nicht global. Hierzulande glaubt man noch immer, dass man auf einer Insel der Seligen lebt, ohne zu realisieren, dass es eine solche nicht gibt.

Busek: Du bist noch milde in deiner Kritik. Es gab eine Initiative einiger europäischer Innenminister, unter aktiver Mithilfe der Österreicher, das Schengen-Abkommen einzuschränken. Das ist ein mittlerer Wahnsinn, nicht nur menschenrechtlich, sondern auch vom Interesse des Landes her gesehen. Wir leben angesichts unserer Bevölkerungsentwicklung von der Zuwanderung. Auch unser Arbeitsmarkt ist wesentlich davon bestimmt und wir profitieren in den verschiedensten Bereichen von diesen Zuwanderern: im Tourismus, im Sozialbereich etc. Aber es gibt auch andere Fälle der Zuwanderung. Um ein tragisches Beispiel zu geben: Sogenannte Ankerflüchtlinge. Das sind Kinder, die hierher kommen und dann – mit Recht – verlangen können, dass ihre Eltern nachkommen. Das funktioniert solange, als das Kind unter 18 Jahre alt ist. Die Methoden der österreichischen Verwaltung, zu beweisen, dass „der eh schon über 18 ist", mit Knochenbefunden etc. sind abenteuerlich! Aber dazu gibt es keinerlei öffentliche Kritik.

Pelinka: Die Öffentlichkeit ist hart und unbarmherzig. Der einzige Innenminister in jüngerer Vergangenheit, der nicht Härte gezeigt hat, war Caspar Einem von der SPÖ.

Busek: Der war vorher auch sozial tätig.

Pelinka: Aber alle anderen, ob ÖVP oder SPÖ, sind in eine Rolle gefallen, dass sie primär Polizei- und Sicherheitsminister waren.

Busek: Ich kenne Otto Schily gut, Mitbegründer der deutschen Grünen, später SPD und jahrelang Innenminister – genauso unbarmherzig. Das ist in ganz Europa so.

Pelinka: Aber da geht es nicht um Personen und auch nicht in erster Linie um eine inhaltliche Diskussion, sondern das ist ein Strukturproblem der EU. Also: Unter welchen Bedingungen soll ein europäischer Innenminister agieren?

Busek: Wir haben über Lampedusa gesprochen – schreckliche Ereignisse. Wie sollen wir also mit dem Thema Migration umgehen?

Pelinka: Ich gehe davon aus, dass ein Mindeststandard von Menschenrechten grundsätzlich vorhanden sein muss. Wir werden nicht verhindern können, dass angesichts des Wohlstandsgefälles Millionen Menschen nach Europa kommen wollen, aber umgekehrt werden nicht Millionen Menschen dorthin gehen wollen, woher diese Menschen kommen. Das ist die Logik des Ungleichgewichts des Wohlstands im *global village*. Natürlich kann Europa nicht alle aufnehmen, die nach Europa wollen. Das geht nicht. Allein schon deswegen, weil dann die „Herren Straches" von Europa kommen und alles zunichte machen werden. Und da fehlt mir eine logische Einwanderungspolitik, dass wir Menschen aus eigenem Interesse aufnehmen, diese aber auch nach bestimmten Kriterien aussuchen können müssen.

Busek: Genau das haben die klassischen Einwanderungsländer immer gemacht.

Pelinka: Aber das wird nicht diskutiert. Wir reden über Asylpolitik, obwohl das eigentlich beherrschende Thema die Zuwanderung ist. Und diese Diskussion muss auf europäischer Ebene geschehen. Es ist ja kein Zufall, dass das Lampedusa-Problem nach dem Zusammenbruch des

Gadaffi-Regimes wieder aufgetaucht ist. Bis dahin hat es europäisch-libysche Vereinbarungen gegeben, dass die libysche Diktatur mit Mitteln, von denen wir gar nichts wissen wollten, verhinderte, dass sich Menschen an der libyschen Küste in kleine Boote setzen, um nach Europa zu rudern. Kaum ist die Diktatur weg, werden wir erinnert, dass es hier massive Interessen gibt. Gadaffi hat damals ein Geschäft gemacht: Wenn ihr mich belohnt, verhindere ich spätestens an der Küste, dass sich diese Leute aus Äthiopien oder Somalia in Boote setzen. Mit welchen Mitteln er das verhindert hat, wollten wir lieber nicht wissen. Jetzt ist die harte Hand weg, es herrscht in Libyen Chaos, und die Schwarzafrikaner setzen sich in kleine Boote und landen dann in Lampedusa oder in Malta.

Busek: Weniger Beachtung finden bei uns die spanischen Enklaven auf dem afrikanischen Kontinent, Ceuta und Melilla. Das ist ja eine beschämende Sache, dass dort die Menschen in Elektrozäunen hängen bleiben – unfassbar! Das ist so etwas von *uneuropäisch!*

Pelinka: Das Gleiche, die Flussgrenze zwischen Griechenland und der Türkei.

Busek: Die Bundesheer-Stationierung an der burgenländisch-ungarischen Grenze – genauso beschämend.

Pelinka: Das muss man als eine Wirtschaftsförderung durch den burgenländischen Landeshauptmann verstehen.

Busek: Da hast du sicherlich recht. Aber was mich noch heute wundert, ist, dass dieser Einsatz unter den jungen

Soldaten eine hohe Selbstmordrate verursachte und dass das nie richtig untersucht wurde.

Pelinka: Was auch nie diskutiert wurde, ist, dass alle Horror-Szenarien, die man uns weismachen wollte, von der Wirklichkeit komplett widerlegt worden sind. Eine Schlagzeile hat einmal gelautet: Im folgenden Jahr würden fünf Millionen Russen zu uns kommen. Völliger Unsinn, nur Angstmacherei. Aber das wird nie aufgearbeitet.

Busek: Wir haben ja in Wahrheit vom Fall des Eisernen Vorhangs und der EU-Erweiterung ungeheuerlich profitiert.

Pelinka: In Bezug auf Immigration lassen die europäischen Staaten die am stärksten betroffenen Länder Griechenland, Italien und Spanien im Regen stehen. Bei einer dieser Immigrationswellen nach Lampedusa haben die Italiener ja ganz interessant reagiert. Sie haben allen nach Lampedusa Gekommenen Pässe ausgestellt, und weil die meisten aus dem frankophonen Afrika stammten, sind die natürlich nach Frankreich weiter. Damals war Nicolas Sarkozy noch Präsident, und Frankreich hat unglaubliche Drohungen ausgestoßen, man werde die Schengen-Grenze wieder einführen usw.

Busek: Die Hilflosigkeit der Regierungen ist wirklich hochinteressant. Ich denke, wir Europäer müssten uns grundsätzlich einmal bewusst sein, dass wir nur sieben Prozent der Weltbevölkerung sind – und *nur* sieben Prozent. Die eigentliche Stärke von Europa liegt im Intellektuellen und Geistigen, sie liegt nicht im Boden in Form von Rohstoffen.

42

Daher hat Europa eine gewisse Attraktivität, auch weil die Bevölkerungszahl abnimmt; einzig die Kosovo-Albaner nehmen zu, alle anderen nehmen ab. Das heißt, wir haben den Platz für Zuwanderer und brauchen sie.

Pelinka: Europa war auch immer Gegenstand der Zuwanderung, das sollten wir nicht vergessen.

Busek: Du hattest vorhin Nicolas Sarkozy erwähnt, ich habe seinen Vater noch gekannt. Der war ursprünglich ein Herr Sarközi und ist der Nachfahre einer Roma-Familie aus Ungarn. Der Großvater hatte von Kaiser Franz-Josef den Titel eines Barons verliehen bekommen.

Pelinka: Der Vorsitzende der Roma-Volksgruppe in Österreich heißt ja auch Sarközi – wie der ehemalige französische Präsident.

Busek: Und dem Nicola Sarkozy seine Mutter war eine Jüdin aus Griechenland. Dass ausgerechnet er die Roma aus Frankreich abgeschoben hat, ist ja …

Pelinka: Unglaublich!

Busek: Was heißt *unglaublich*, das ist politisch und historisch gesehen eine Frechheit! Eine andere Momentaufnahme aus dem Bereich Migration stammt aus Liberec, auf Deutsch heißt diese nordböhmische Stadt Reichenberg. Dort hat der Bürgermeister allen Roma Flugtickets nach Kanada gekauft – aber nur *oneway*. Das ist solange gut gegangen, bis die Kanadier die Einreise von allen tschechischen Bürgern verhindert haben. Also, man kann nur zusammenfassend sagen: Eine Liste von Anekdoten, die nur die Hilflosigkeit der Regierungen aufzeigt.

Pelinka: Wie die Geschichte in die Gegenwart hineinspielt, ist hier wieder interessant. Die Roma sind in der tschechischen Republik überall dort stark vertreten, wo nach der Vertreibung der Sudentendeutschen Platz war. Das ist sozusagen ein Vakuum-Phänomen. Daher ist dieses Reichenberg, die Hauptstadt des ehemaligen Sudentengaues, heute Liberec, zu einem Zentrum der Roma-Bevölkerung geworden.

Busek: Wir Europäer sollten uns bewusst machen, dass es Völkerwanderungen immer gegeben hat. Die Gründe waren immer die gleichen: Nahrungsprobleme, ökologische Ursachen, irgendwelche politischen Verschiebungen. Und wenn die Leute unter Druck stehen oder einen besseren Platz zum Leben suchen, dann ziehen sie los. Und in dieser Situation sind wir heute. Es gibt Studien, die untersucht haben, was Europa machen kann, um diese Probleme zu bewältigen. Man kann in den Ursprungsländern ansetzen, damit die Menschen zu arbeiten und zu essen haben. Und wenn ich mir anschaue, unter welchen Bedingungen die Menschen in Bangladesh unsere Textilien herstellen müssen oder die Fußball-WM-Bauten in den Emiraten entstehen, dann ist das höchst unbefriedigend.

Pelinka: Betrachten wir einmal die Lage von einer anderen Seite, schauen wir auf die positiven Effekte der Globalisierung: Wo auf der Welt hat es in den vergangenen Jahren massive Verbesserungen im Lebensstandard gegeben? In China und in Indien. Und das ist nicht das Ergebnis europäischer wohlmeinender Politik, sondern das Produkt der globalisierten Wirtschaft, der sich nach langem Zögern sowohl China als auch Indien angeschlossen haben.

Busek: Aber es hat doch nie diese „wohlmeinende europäische Politik", wie du das nennst, gegeben. Und eine solche brauchen wir aus Überlebensgründen.

Pelinka: Da sollten wir unterscheiden: Ich stimme dir in Bezug auf die Migrationsproblematik zu. Aber ich bezweifle, dass Lateinamerika oder Afrika darauf warten, dass Europa ihnen zeigt, wie man es machen soll. Die schauen lieber nach Indien oder Brasilien. In der Vergangenheit ist ja die Entwicklungshilfe, wo Österreich schon immer katastrophal nachgehinkt ist, nicht das entscheidende Rezept gewesen, warum China heute nach den USA und Europa die drittgrößte Volkswirtschaft der Welt ist. In China und Indien findet gegenwärtig eine Bildungsexplosion statt, und durch Migration profitiert vor allem Nordamerika, nicht Europa. Das ist nicht wegen der europäischen Entwicklungshilfe passiert. Aber bis die Länder Afrikas sowie des Nahen und Mittleren Ostens einen solchen Wohlstand entwickelt haben, dass Menschen in Somalia nicht mehr glauben, sie müssten nach Europa, um überhaupt überleben zu können, das wird noch lange dauern. Und dafür brauchen wir eine Migrationspolitik, die zwar nicht zulässt, dass hier alle, die nach Europa wollen, auch in Europa landen – wobei ich gestehe, dass ich auch nicht weiß, mit welchen halbwegs menschenrechtlich akzeptablen Mitteln das geschehen kann –, aber eine Migrationspolitik, die aus Eigeninteresse Menschen aufnimmt, nicht aus einem sympathischen Idealismus heraus. Wir brauchen diese Potenziale von jungen Menschen.

Busek: Aber wir müssen deutlich unterscheiden zwischen Flüchtlingen und Migranten.

Pelinka: Ganz eindeutig: Wer Hilfe braucht, muss Hilfe bekommen. Aber die Frage bleibt: Wie gehen wir mit der Wirtschaftsmigration um, mit den Millionen Menschen, die einfach auf der Suche nach einem besseren Leben sind? Da muss man einen Mittelweg finden zwischen dem Respekt vor Menschenrechten und der Unmöglichkeit alle aufzunehmen, die kommen wollen – das geht nicht. Das muss gesamteuropäisch gelöst werden, nicht nationalstaatlich.

Busek: Da stellt sich natürlich die Frage, wie man in den betreffenden Ländern politische Systeme schafft, vor denen niemand zu flüchten braucht. Die wirtschaftliche Kraft der Europäer, und wahrscheinlich auch die politische, ist wohl so groß, dass man einige Änderungen in jenen Ländern durchsetzen könnte, die offensichtlich ihre Bürger zur Flucht verleiten. Die Amerikaner vermitteln immer den Eindruck, dass ihre Auffassung von Demokratie die einzig mögliche ist, wenn ich mir aber den Irak anschaue, habe ich meine Zweifel, ob sie den richtigen Weg gefunden haben. Europa beschränkt sich in dieser Debatte auf die Menschenrechte.

Pelinka: So negativ würde ich das nicht sehen, es gibt eine Erfolgsbilanz. Alle politischen Systeme, von denen ich annehme, dass wir sie nicht haben wollen, sind in der Welt verschwunden. Die lateinamerikanischen Militärdiktaturen sind in den 80er Jahren weggebrochen; die Entwicklungsdiktaturen à la Südkorea, Taiwan und Philippinen – weggebrochen; wir haben die unerträgliche Apartheid in

Südafrika weg; genauso das kommunistische System in den Ländern Ost-Mitteleuropas. Das heißt, wir haben in weiten Teilen der Welt keine Alternative zu dem, ich nenne es mal vorsichtig „westlichen" Modell. Die chinesische Alternative besteht darin, dass sich China zwar im ökonomischen Bereich verwestlicht, sich aber weigert, sich auch im politischen Bereich zu verwestlichen. Dass man nicht einfach Muammar al-Gadaffi beseitigen kann und dann entsteht in Libyen eine Demokratie, das haben wir gesehen. Wir haben auch erlebt, dass die Vorstellung der Amerikaner: *Wir erobern Bagdad und bauen dort eine stabile Demokratie auf*, katastrophal naiv war.

Busek: Die Rolle der Amerikaner ist differenziert zu bewerten. Nach 1945 und nach dem Zerfall von Jugoslawien waren sie sehr erfolgreich, weil sie genügend Leute hatten, die sich hier auskannten. Das ist übrigens tragischerweise ein positiver Nebeneffekt der Vertreibung der Juden, die eine wesentliche Rolle bei der Errichtung der Demokratie in Deutschland und Österreich gespielt haben. Die sind nach dem Krieg im Dienste Amerikas hierher zurückgekommen und hatten eine gute Landeskenntnis. Hingegen haben die Amerikaner mit Sicherheit viel zu wenig Ahnung vom Irak gehabt – also wenn man Karl May gelesen hat, hat man sich in dieser Region fast besser ausgekannt als sämtliche amerikanische Politiker. Das wäre, meiner Meinung nach, unsere europäische Aufgabe, die Studien der Länder vor Ort zu intensivieren, um sich in den kritischen Gegenden besser auszukennen. Das ist dringend erforderlich – wobei ich auf die kolonialen Ergebnisse in einigen europäischen Ländern nicht vertraue. Ich erwähne nur als Stichwort Belgien und Kongo: da gehörte in Wahrheit der

Menschenrechtsgerichtshof beschäftigt, um herauszufinden, was die Belgier in ihrer Kolonialzeit dort angestellt haben.

Pelinka: Ich glaube schon, dass die USA in Bezug auf den Irak die intellektuelle Kapazität gehabt hätten, aber da hat der amerikanischen Regierung unter George W. Bush, 2003, die Voraussicht gefehlt. Die USA haben die im State Department und wohl auch in der CIA vorhandenen intellektuellen Kapazitäten nicht genutzt, der politische und wirtschaftliche Wiederaufbau des Irak wurde dem Pentagon überlassen. Was ich mit Voraussicht meine, lässt sich gut an einem Beispiel erzählen: Du kennst sicherlich Kurt Steiner?

Busek: Ein österreichischer Jude.

Pelinka: Er ist im März 1938 in die USA gegangen und hat dort, in weiser Voraussicht, dass es zu einem großen Konflikt zwischen den USA und Japan kommen könnte, Japanisch gelernt. Ihm war klar gewesen, dass es in Amerika, außer den *Nisei*, das waren die Einwanderer aus Japan, denen man nur sehr bedingt vertraute, fast niemanden gab, der Japanisch sprach. Kurt Steiner hat sich also in seiner realistischen Klugheit gedacht: *Bis ich in den Krieg eingezogen werde, habe ich genügend Zeit, Japanisch zu lernen.* Als es soweit war, ist er als Japanexperte eingezogen worden und war im Jahr 1945 einer der Berater von General Douglas MacArthur, dem amerikanischen Oberbefehlshaber, und hat sogar an der Formulierung der neuen japanischen Verfassung mitgearbeitet. Am Beispiel von Kurt Steiner wird deutlich, wie sehr die USA in der Lage sind, eine Gesellschaft und ihre politische Ordnung von Grund auf neu und stabil und demokratisch zu strukturieren. Das nenne ich Planung und Voraussicht!

Busek: Ich habe ihm einen österreichischen Orden umgehängt.

Pelinka: Er hat später eine intensive Beziehung zwischen Österreich und der Universität Stanford hergestellt. Von ihm gibt es noch so eine nette Anekdote, die er von Hertha Firnberg erzählt hat. Firnberg war ab 1970 die erste Wissenschaftsministerin Österreichs. Sie hat Kurt Steiner nach Wien eingeladen und ihn im Hotel Imperial untergebracht. Der Steiner hat zu ihr gesagt: „Frau Ministerin" – wahrscheinlich Frau Minister, damals hat man das -*in* noch nicht verwendet – „in dem Hotel ist doch immer der Hitler abgestiegen, soll ich da wirklich übernachten?" Und die Firnberg hat schmunzelnd geantwortet: „Herr Professor, denken Sie mal, wie der sich ärgern würde, wüsste er, dass Sie da absteigen!" Und daraufhin hat der Steiner im Hotel Imperial übernachtet. Leider existiert diese intensive Beziehung zwischen Stanford und Österreich nicht mehr, und damit verweise ich auf etwas, was wir schon früher besprochen haben, weil die Eliteuniversität Stanford heute nach Asien, insbesondere nach China blickt. Für mich wieder eines der vielen Zeichen für die abnehmende Bedeutung Europas und der zunehmenden Bedeutung Asiens.

Busek: Wie sollen wir also mit der Migrationsproblematik umgehen? Zum einen müssen sich die Europäer einmal zusammensetzen und die Karten auf den Tisch legen: wozu sie bereit sind und wozu sie nicht bereit sind. Zum anderen muss von einer wissenschaftlichen Kommission eine Bestandsaufnahme gemacht und ein Maßnahmenkatalog erstellt werden, was man in positiver Richtung machen kann. Und diese zwei Punkte gehören dann miteinander abgestimmt. Die europäische Grundhaltung – der Gesellschaft wie auch der Regierungen – ist nach wie vor negativ, betreffend das Thema Migration. Ich glaube, dass überhaupt ein Bewusstsein für diese Problematik fehlt.

Pelinka: Europa muss das Rad ja nicht neu erfinden. Ich glaube, dass wir zuallererst dieses Politikfeld von den einzelnen Staaten wegbringen und europäisieren müssen. Und als Nächstes müssen wir schauen: Was kann Europa von Ländern wie Kanada oder Australien lernen? Kanada ist zwar dünner besiedelt und hat daher mehr freien Raum, aber es hat eine Migrationspolitik, die recht klar unterscheidet: 1. Wen wollen wir? Und die lassen wir nicht nur herein, sondern die holen wir uns sogar. 2. Wen wollen wir nicht? Und hier stellt sich die Frage, wenn Leute, die wir eigentlich nicht wollen, schon da sind, wie gehen wir mit denen um?

Busek: Es ist ja kein Zufall, dass die Debatte über Multikulturalismus eigentlich aus Kanada kommt.

Pelinka: Richtig. Die Kanadier haben einen Pragmatismus entwickelt, sicherlich auch, weil sie keine Außengrenze zu Ländern wie beispielsweise Mexiko haben, da kann man etwas gelassener bleiben. Aber wir können aus den Erfahrungen von Kanada lernen. Und, nochmals, was wir machen müssten: Erster Schritt: Europäisierung. Zweiter Schritt: Beobachtung, wie andere Gesellschaften, die Zuwanderung nicht als Bedrohung sehen, sondern als Selbstverständlichkeit akzeptieren, damit umgehen.

Busek: Ich möchte noch einen Schritt Null davor setzen: Akzeptieren, dass Zuwanderung überhaupt ein Problem ist. Das ist die Voraussetzung.

Pelinka: Es war ja bis vor kurzem so, dass die Boulevard-Medien unwidersprochen behaupten konnten, Österreich sei kein Einwanderungsland. Das ist ja so, als würde man sagen: In Österreich geht die Sonne nie auf! Absurd!

Busek: Solchen Redakteuren rate ich, sich einmal eine Straßenbahnfahrkarte zu kaufen und zu hören, was für Sprachen dort geredet werden.

Pelinka: Aber weißt du, Erhard, ich stelle mir schon oft die skeptische Frage, wie das wäre, wenn ich selbst nicht unter so guten Verhältnissen lebte? Wenn ich beispielsweise ein in die Frühpension fliehender oder gedrängter Bauarbeiter oder Supermarktmitarbeiter wäre. Würde ich dann die Sprachenvielfalt in der Wiener Straßenbahn auch so toll finden? Wahrscheinlich nicht! Ich sehe schon eine Kluft in der Wahrnehmung zwischen jenen, die Gewinner der Globalisierung sind und jenen, die sich zumindest selbst als Verlierer wahrnehmen. Und genau diese Karte spielen die xenophoben Parteien Europas.

Busek: Mit diesen Ängsten muss man sich befassen. Da gibt es keine allgemeingültige Sozialtherapie. Ich bin in Wien Universitätsratsvorsitzender an der Medizinischen Universität. Die Assistenzärzte sind hier zu 60 Prozent aus unseren Nachbarländern. Sozusagen im Ausland geboren, hierher immigriert, studiert, österreichische Staatsbürger und alle sprechen gutes Deutsch mit tschechischem, ungarischem, slowenischem Akzent. Wir müssen einmal diese Realitäten akzeptieren, dass das *normal* ist. Damit sind wir wieder bei unseren früheren Beispielen: Dogudan, Kutoglu, Alaba. Wenn sie erfolgreich sind, sind wir stolz auf unsere Österreicher, alle andern werden geringgeschätzt.

***

Pelinka: Ich werde oft darauf angesprochen, wie weit eine EU-Erweiterung geografisch reichen soll. Soll die Türkei in die EU aufgenommen werden? Die Ukraine?

Busek: Für mich ist es keine Frage, dass eine Erweiterung Europas die Ukraine umfassen muss. Das ist Osteuropa, und zwar nicht aus Sentimentalität um Lemberg. Die Ukraine hat eine kulturell-historische Bedeutung für Europa und, wie man gegenwärtig merkt, eine strategische: da ist die Auseinandersetzung zwischen EU und Russland.

Pelinka: Für mich ist das auch keine Frage, dass die Ukraine zu Europa zählt. Es wird aber noch lange dauern, bis sie in der EU ist – nicht nur wegen der Erweiterungsmüdigkeit der Union. Russland tut natürlich alles, um das zu verhindern, aber ich glaube, auch in der Ukraine selbst fehlt derzeit noch der von einem breiten Konsens getragene Wille.

Busek: Bei der Türkei habe ich einen anderen Standpunkt. Die Türkei hat Grenzen zu den Kaukasus-Staaten, Irak, Iran, Syrien. Und im gegenwärtigen Zustand scheint mir die Aufnahme der Türkei in die EU als problematisch. Hinzu kommt, dass die Politik von Recep Erdogan die Sache verkompliziert: Erdogan macht einen Rückgriff auf das Osmanische Reich und beansprucht eine gewisse Führungsrolle, möglicherweise auch die Wiederherstellung des Imperiums. In der Türkei selber verfolgt er eine repressive Politik insbesondere gegen Intellektuelle und Journalisten. Ich habe keine Sorge wegen der 70 Millionen Menschen oder wegen des Islams. Mein Eindruck ist, dass die Türken ihren eigenen Weg gehen wollen und in Wahrheit – aber das wird in der EU nicht akzeptiert – längst hinweg sind.

Pelinka: Dazu muss man feststellen, dass die Europäische Union alles getan hat, um die Türkei vor den Kopf zu stoßen.

Busek: Da bin ich völlig deiner Meinung!

Pelinka: Die Türkei hat im Jahr 1999 den Status eines „EU-Kandidaten" bekommen. Und plötzlich beginnt in Frankreich und Deutschland und Österreich die Debatte: Ist die Türkei überhaupt Europa? Das hätte man vorher diskutieren können! Das war eine Katastrophe!

Busek: Erlaube mir einen Einschub: Dahinter steckt der Einfluss der Amerikaner. In der Ost-West-Konfrontation war die Türkei ein Sicherheitsfaktor, sie kontrollierten den Bosporus und damit, welche Flotte die Russen aus dem Schwarzen Meer ins Mittelmeer schickten.

Pelinka: Da gibt es den berühmten Telefonanruf von George W. Bush. In Kopenhagen, 2002, ging es darum, den Kandidatenstatus in die Entscheidung umzuwandeln, Beitrittsverhandlungen mit der Türkei zu beginnen. Bush übte damals Druck aus, dass die Entscheidung positiv für die Türkei ausfällt – dahinter steckte massives amerikanisches Interesse. Dann kam die Zypernfrage dazu, die als eine zynische Anti-Türkei-Politik der EU zu verstehen ist. Man hält der Türkei vor, dass sie Nordzypern besetzt hält, aber gleichzeitig nahm man Südzypern, das eine friedliche Lösung verhindert hat, in die EU auf.

Busek: Völlig widersprüchlich! Da hat der Schwanz mit dem Hund gewackelt.

Pelinka: Oder die Griechen haben mit der EU gewackelt. Man hat die Türkei vor den Kopf gestoßen! Und aus all dem Gesagten gehe ich derzeit nicht davon aus, dass die Türkei real eine Chance hat, in die EU aufgenommen zu werden. Bei diesen Entscheidungen geht es oft um zynische, innenpolitische Spiele. Ein Beispiel aus Österreich: Die Freiheitliche Partei hat einmal gefordert: *Wenn die Tschechische Republik der EU beitritt, brauchen wir zuvor eine Volksabstimmung.* Bundeskanzler Wolfgang Schüssel hat das umgehend abgelehnt und dem Drängen seines Koalitionspartners nicht nachgegeben, was völlig richtig war. Als Österreich der EU beitrat, wollten wir schließlich auch nicht, dass andere über uns abstimmen. Kurz darauf gibt derselbe Wolfgang Schüssel zu Protokoll: *Wenn ein Vertrag mit der Türkei erreicht wird, würde er dafür sorgen, dass in Österreich eine Volksabstimmung stattfindet.* Unglaublich! Schon wieder wird die Türkei behandelt wie ein minderwertiger Bittsteller. Ich habe das einfach nur skandalös gefunden!

Busek: Meine Position kommt eher aus der Beurteilung der gegenwärtigen Politik der Erdogan-Regierung in der Türkei. Erdogan verwendet die EU aus innenpolitischen Gründen zur Aushebelung des kemalistischen Systems.

Pelinka: Mit dem Argument: Die EU verlangt das von uns. Ich habe an meiner Universität einen türkischen Kollegen, Typus liberaler, westlicher Türke, der sagt: Bei der ersten Erdogan-Wahl, 2002, hat er Recep Erdogan gewählt, weil er für die Liberalisierung stand. Und heute ist er entsetzt, was in der Türkei unter Erdogan passiert.

Busek: Kenne ich *reihenweise*!

Pelinka: Ich hoffe, dass die Europäische Union die Türen nicht endgültig zuschlägt. Es macht Sinn, die Türkei in der EU zu haben, schon aus wirtschaftlichen Gründen, die Türkei hat Wachstumsraten fast wie China. Ich frage oft meine Studenten: Welches Land wird das nächste, das 29. Mitglied der EU werden? Und dann sagen manche: Montenegro. Okay, Montenegro ist klein, das macht nicht viele Probleme. Ich antworte oft: Mein Tipp ist Schottland. Aber dann tritt vielleicht Großbritannien aus, und dann sind wir wieder nur 28 Mitgliedsstaaten.

Busek: Das Lustige daran ist, dass die Regierung in London immer darauf hinweist: Wenn die Schotten sich separieren, brauchen sie nicht zu glauben, dass sie gleich in der EU sind.

Pelinka: Island könnte auch bald dazu stoßen – das ist klein und unproblematisch. Mazedonien, ein weiterer Kandidat, wird von Griechenland blockiert. Und ich rechne nicht damit, dass in absehbarer Zeit Serbien Mitglied werden kann.

Busek: Da werden vermutlich genauso wie bei der Ukraine die Russen dagegen auftreten. Aber ich möchte dieses Thema damit abschließen, dass die eigentliche EU-Erweiterung nicht im Osten, nicht im Südosten und auch nicht im Nordwesten stattfinden muss, sondern im Inneren der Europäischen Union. Wenn wir nicht die schon diskutierte Struktur-, Kompetenz- und Machtveränderung herbeiführen können, ist die globale Rolle Europas dahin. Für kleine Staaten wie Österreich liegt darin eine Riesenchance, in dieser Veränderung sichtbar zu werden.

Pelinka: Die Nationalstaaten werden unvermeidlich an Gestaltungskraft verlieren, das gilt auch für so große Länder wie Deutschland und Großbritannien. Und die Frage ist: wird das von den Menschen auch so wahrgenommen. Sich das zu überlegen, ist deswegen wichtig, weil Politik kurzfristig orientiert ist, und daher die Wahrnehmung wichtiger ist als die Realität.

Busek: Ich mache mir gegenwärtig bei Deutschland durchaus Sorgen. Um das wieder mit einem Beispiel zu illustrieren. Ich schaue fast täglich die ARD-Morgennachrichten, MOMA, das Morgenmagazin, und da fällt auf, die Deutschen sind im Moment überall Weltmeister: im Export, in der Autoproduktion, im Handball, Reiseweltmeister usw. Die Fixierung in der Öffentlichkeit, wo sie überall Weltmeister sind, beunruhigt mich. Aber ich gebe zu, ich bin geprägt von der Zeit vor dem Zweiten Weltkrieg.

Pelinka: Na ja, ich kann das schon nachvollziehen, wir beide sind ja das gleiche Baujahr, 1941. Mein Österreich-Patriotismus spiegelte sich nach 1945 vor allem durch die Abgrenzung zu Deutschland wider. Und die ersten Fußballländerspiele, die ich mit kindlicher Begeisterung verfolgt habe, waren die gegen Ungarn, Tschechoslowakei und Jugoslawien. Irgendwann, so um 1950 ist die deutsche Mannschaft aus der Bundesrepublik ins Wiener Praterstadion gekommen, und ich, infiziert von einem nationalistisch-patriotischen Wunschdenken, habe mir gedacht: Die Deutschen schießen wir weg! Und dann war ich zutiefst gedemütigt, als die Deutschen 1 : 0 gewonnen haben. Wenn Ungarn uns besiegt hat, das war in Ordnung, ich habe mich darüber nicht gefreut, aber das war immerhin auf Augenhöhe. Als Kind war ich nationalistisch und voller Vorurteile.

Busek: Das war damals so. Ich gestehe, ich lebe heute noch von Zitaten wie dem von Karl Kraus: *Österreicher und Deutsche sprechen dieselbe Sprache, und das ist der Unterschied.*

Pelinka: Wir reden hier von der Vergangenheit, und ich möchte daher etwas Positives sagen. Ich war zunächst sehr negativ beeindruckt, wie Angela Merkel auf die Griechenlandkrise reagiert hat. Ein berühmter Satz von ihr lautete: „Manche sitzen lieber unter dem Olivenbaum und trinken Ouzo." Das war wirklich antieuropäisch. Dann gab es diese Wortmeldung von Helmut Kohl: „Mein Mädchen macht mir Europa kaputt." Aber danach hat Merkel im Sinne von „Wir brauchen mehr Europa" Kurs gehalten, bis heute, und das entgegen der verbreiteten deutschen Eigenwahrnehmung: *Wir sind die Zahlmeister Europas.* Eine

Ungarn

Wahrnehmung, die übrigens nicht stimmt. Denn pro Kopf
gerechnet zahlt Luxemburg viel mehr für Griechenland
als Deutschland.

***

Busek: Du bist in Budapest an der Zentraleuropäischen
Universität. Gegenwärtig gibt es große Besorgnisse über
unser Nachbarland. Wie schätzt du die Lage dort ein?

Pelinka: Ich denke, dass Ungarn unter Viktor Orbán das
ist, was ich *Minimaldemokratie* nenne.

Busek: Sehe ich auch so.

Pelinka: Ich gehe davon aus, dass die Opposition grundsätzlich die Möglichkeit hat, im Wahlkampf sich Gehör zu
verschaffen, auch dass das Wahlergebnis akzeptiert wird.
Das heißt, Ungarn ist eine Demokratie, aber nicht viel mehr
als eine Minimaldemokratie. Warum? Es gibt starke Zugriffe
seitens der Regierung auf die Medien; in den öffentlich-
rechtlichen Medien wird ganz eindeutig Regierungspro-
paganda betrieben. Es gibt immer wieder Versuche, den
Verfassungsgerichtshof in seiner Bedeutung zu reduzieren.
Die Minimaldemokratie erkennt man auch daran, wie die
neue Verfassung zustande gekommen ist. Ich habe einmal
in einer Diskussion mit Vertretern der Regierung Orbán
gesagt: „Mich stört die Verfassung." Darauf lautete die Antwort: „Aber wieso, wir haben doch die Zweidrittelmehrheit." Ich habe dann gesagt: „Eine stabile Verfassung muss
nicht nur von der Mehrheit getragen sein, auch dann nicht,
wenn man eine Zweidrittelmehrheit hat, sondern sie muss

auch zumindest von Teilen der Opposition getragen werden, damit sie langfristig stabil ist." Aber dieses Konsensdenken ist in Ungarn einfach nicht ausgebildet.

Busek: Ungarn ist in vielerlei Hinsicht eine gespaltene Gesellschaft – historisch, religiös, politisch usw. Dadurch gibt es gleichzeitig sehr viel Konsens und sehr viel Polarisierung.

Pelinka: Und das erwartete man zunächst nicht, weil die politische Transformation im Jahr 1990 so erstaunlich ruhig und erfolgreich verlaufen ist.

Busek: Das stimmt schon, aber warum? Da gibt es diese Geschichte von der Regierung, der auch Gyula Horn angehörte. Den Horn kennt man aus dem berühmten Foto von 1989, wie er gemeinsam mit unserem Außenminister Alois Mock den Grenzzaun bei Sopron durchschneidet. (Nur nebenbei bemerkt: Das war in Wirklichkeit ein gestelltes Foto. Dort stand nie der Eiserne Vorhang. Man wollte diesen aber der Wirksamkeit halber nachstellen, und dadurch ist es heute ein fixer Bestandteil der Reportage über 1989 geworden.) Die Veränderung ist in Wahrheit anders passiert. Die damalige noch kommunistische Regierung hat eines Tages beschlossen: Wir sind keine Kommunisten mehr. Dann haben sie ihre Parteibücher auf den Tisch gelegt und festgestellt: Wir sind die erste demokratische Regierung Ungarns. Das war der Schmäh, warum die Transformation in Ungarn so friedlich verlaufen ist. Man nahm sich ein Vorbild an der westlichen Demokratie, hat sie aber in Wirklichkeit nicht realisiert, sondern sehr geschickt Machtpositionen in früher kom-

munistischen Händen behalten. Die freien Wahlen haben
sie dann aber verloren.

Pelinka: Aber akzeptiert! Immerhin.

Busek: Ohne Zweifel. Gewonnen hat die Wahl 1990 das
Ungarische Demokratische Forum unter Jósef Antall.

Pelinka: Nach der Wahl hat Antall gesagt: „Ich bin Ministerpräsident von fünfzehn Millionen Ungarn." Ich habe mir
gedacht: Ungarn hat ja nur zehn Millionen Einwohner. Wo
sind die anderen fünf Millionen? Gemeint hat er die ungarischen Minderheiten in der Slowakei, in Rumänien, Serbien,
vielleicht auch die ungarische Volksgruppe in Wien.

Busek: Ich hatte mal in Wien einen Streit mit ihm. Er hat
sich nämlich geweigert, das Wort Slowakei in den Mund
zu nehmen. Er hat immer von „Oberungarn" gesprochen.
Dann habe ich ihm mal scharf geantwortet: „Jósef! Jetzt
gibt's die Slowakei!" Darauf der Antall auf Deutsch mit
ungarischem Akzent: „Dos is' Oberungarn!" Er war also
nicht bereit, diese historischen Veränderungen anzu-
erkennen.

Pelinka: Als Slowake muss man so etwas schon als Bedrohung empfinden.

Busek: Zweifellos. Aber insofern war der Jósef Antall ein
Vorbote der jetzigen Entwicklung.

Pelinka: Wie das gegenwärtige Ungarn funktioniert, lässt
sich auch an folgendem Beispiel ablesen: Die Regierung

Orbán hat erreicht, dass die Botschaften Ungarns – das jetzt übrigens nicht mehr Republik Ungarn heißt, sondern seit dem Verfassungswechsel nur noch Ungarn – auf Knopfdruck augenblicklich Leserbriefcampagnen starten können, wenn der Orbán irgendwo kritisiert wird. Wenn irgendjemand in den österreichischen Medien einen Orbán-kritischen Kommentar schreibt, kann man sicher sein, dass am nächsten Tag – auf Knopfdruck der Botschaft in Wien – Leserbriefe kommen.

Busek: Mal sehen, ob wir Briefe bekommen, wenn dieses Buch heraußen ist.

Pelinka: Ganz sicher! Das funktioniert so, dass es in Österreich so eine Art Inseln von extrem nationalistischen Exilungarn gibt, und die werden auf Knopfdruck aktiviert. Das ist erstaunlich wie das funktioniert, und ich muss gestehen, das ist etwas beängstigend.

Busek: Unglaublich!

Pelinka: Ich habe vor ein paar Jahren einen sachlichen, wirklich harmlosen Kommentar über die ungarische Politik geschrieben, das war in einem katholischen Blatt der Diözese Linz, und daraufhin versuchte ein ungarischer Exil-Bischof zu intervenieren. Das ist zwar nur ein Beispiel, aber es zeigt die Unfähigkeit Ungarns, einen pluralistischen Diskurs zu führen.

Busek: Das erkennt man auch an Jobbik, der Partei des rechten Randes.

Pelinka: Ja, das ist tragisch! Jobbik ist eine Partei – immerhin
die drittgrößte im ungarischen Parlament – die in extremer
Form außerhalb des demokratischen europäischen Konsen-
ses steht. Als Viktor Orbán 2010 seine Strategie erstellt hat,
war vermutlich Franz-Josef Strauß sein Vorbild: *Rechts von
mir ist nur die Wand!* Aber da hat er sich geirrt, denn rechts
von ihm ist Jobbik. Das ist eine wirklich nationalsozialistische
Partei. Nicht wie Geert Wilders in den Niederlanden oder Le
Pen in Frankreich oder die FPÖ. Wilders und seit kurzem
auch Marine Le Pen, die FPÖ halbherzig, versuchen sich von
rechtsextremen Positionen zu distanzieren. Jobbik hingegen
ist unglaublich beängstigend! Als Beispiel ein Jobbik-Nar-
rativ: Man hört von dieser Gruppierung immer wieder die
Geschichte: *Wenn Israel von unseren Freunden, den Palästi-
nensern, endlich zerstört sein wird, besteht die Gefahr, dass
die Juden Israel auf ungarischem Boden neu gründen werden.*
Einfach verrückt! Verrückt!! Ein Jobbik-Abgeordneter hat
mal während einer Parlamentssitzung gefordert: „Wir brauchen ein Verzeichnis der Abgeordneten in diesem Haus, die
jüdischer Herkunft sind." Man muss sich das mal vorstellen!

Busek: So etwas kann man sich nicht vorstellen!

Pelinka: Ich werde oft gefragt, wie es mit Ungarn weitergeht. Und dann fällt mir diese Szene aus dem Roman *Die
letzten Tage der Menschheit* ein. Da gibt es am Schluss diesen
Dialog zwischen dem deutschen und dem österreichisch-
ungarischen Offizier. Der Deutsche sagt: „Die Lage ist ernst,
aber nicht hoffnungslos." Der österreichisch-ungarische
Offizier sagt: „Die Lage ist hoffnungslos, aber nicht ernst."
Im Falle des gegenwärtigen Ungarns neige ich zur Aussage
des Deutschen.

Busek: Warum?

Pelinka: Nicht hoffnungslos, weil Fidesz unter ihrem Parteivorsitzenden Viktor Orbán immer nur an die Grenze des Möglichen gehen wird, aber nicht darüber hinaus. Man muss hoffen, dass nicht irgendwann eine Eigendynamik entsteht, die auch Orbán nicht mehr kontrollieren kann.

Busek: Ich stimme zu, möchte aber betonen, dass ich ohne der Mitgliedschaft Ungarns in der EU weitaus pessimistischer wäre, was die ungarische Demokratie betrifft.

Pelinka: Die Frage ist, wie es weitergeht. Wenn Orbán die Wahlen 2014 gewinnt, was die meisten annehmen, wird er Ungarn in der EU halten wollen. Aber wenn er in Not kommt, weil die Wirtschaft weiter schrumpft, könnte es sein, dass er seine Partei und die Regierung insgesamt nicht mehr in Griff hat; dass er, sozusagen, der Zauberlehrling ist, der den nationalistischen Besen nicht mehr in Griff hat. Das ist die große Frage.

ÖSTERREICH

Pelinka: Warum bist du in die Politik gegangen?

Busek: Ich war in der Katholischen Mittelschuljugend, später in der Katholischen Studierenden Jugend, wir haben viele politische Diskussionsveranstaltungen gemacht, und ich habe, für damalige Verhältnisse im kirchlichen Bereich etwas ungewöhnlich, auch Politiker der SPÖ aufs Podium eingeladen, das war Anfang der 60er Jahre. Ich habe Politik schon in jungen Jahren immer kritisiert. Und dann haben mir Politiker natürlich gesagt: „Wenn du schon so g'scheit bist, dann mache es selber."

Pelinka: Wenn man kritisiert, muss man auch zeigen, dass man es besser kann.

Busek: So ist es. Aber ich kann mich erinnern, in der Katholischen Hochschulgemeinde hat es eine Veranstaltung mit dem schon reichlich betagten Bundeskanzler Julius Raab gegeben. Er wurde gefragt: „Herr Bundeskanzler, was können wir für die Politik tun?" Und der Raab hat nuschelnd geantwortet: „Katholisch seids. Tuat's beten. Das genügt." Das hat nicht wirklich attraktiv geklungen, um in die ÖVP einzutreten. Viel später habe ich einmal den Witz gemacht, dass ich an sich gern ÖVP-Obmann werden würde, aber ich will nicht Mitglied werden. Da muss ich gestehen, die Skepsis der Kern-ÖVP'ler gegen meine Person hat eine gewisse Berechtigung.

Pelinka: Ich habe mal gehört, du warst in der ÖVP aktiv, ohne Mitglied zu sein?

Busek: Das stimmt, als mir die Gelegenheit geboten wurde, Zweiter Clubsekretär der ÖVP zu werden, habe ich mir gedacht: *Probierst' es!* Ohne dass ich ÖVP-Mitglied war. Erst viel später ist man mir draufgekommen ist, dann habe ich natürlich die Konsequenz gezogen und bin ÖVP-Mitglied geworden. – Hattest du je vor, Politiker zu werden?

Pelinka: Fasziniert hat mich Politik schon immer; dass ich nicht Politiker wurde, sondern als Wissenschaftler die Politik beobachte, ist eher Zufall. Vielleicht liegt es auch an meiner Familiengeschichte. Meine väterliche Linie stammt aus dem tschechisch sprechenden Teil Böhmens, sie waren also Tschechen, die um 1890 nach Wien gezogen sind.

Busek: Welche Bedeutung hat der Name Pelinka eigentlich?

Pelinka: Also, meine Frau, die Tschechin ist, sagt mir, das ist irgendein Unkraut. Welches genau, will ich gar nicht wissen. – Was bedeutet Busek?

Busek: Da gibt es zwei Versionen. Entweder Schweinebauch oder kleiner Gott.

Pelinka: … du bevorzugst sicherlich das Zweite!

Busek: Das ist die Übersetzung aus dem Tschechischen und keine Wahl. Aber wie immer ist die Wahrheit etwas komplizierter. Meine Familie ist vor sehr langer Zeit aus dem Buseck-Tale in Hessen vertrieben worden, weil sie Protestanten waren, und sie sind dann nach Österreichisch-Schlesien gegangen, wo man toleranter war.

Pelinka: Und später nach Wien. Fantastisch! Wien war schon immer ein Schmelztiegel. Wien widersprach schon

immer der Vorstellung von ethnischer, nationaler Eindeutigkeit – eine Vorstellung, die insgesamt eine potentiell
gefährliche Illusion ist. Das zeigt sich auch im Persönlichen:
Die Familie meines Vaters gehörte zur Jahrhundertwende
der Wiener tschechischen Unterschicht an, Tischler und
Dienstmädchen, die mit Vorurteilen zu kämpfen hatte.
Der Wiener Bürgermeister Karl Lueger war ja nicht nur
ein Antisemit, sondern er wetterte auch gegen die Slawen.

Busek: Und mehr noch gegen die Ungarn.

Pelinka: Eigentlich gegen alle Nicht-Deutschen. Interessanterweise waren die Geschwister meines Vaters alle Nazis.
Mein Vater war der einzige Nicht-Nazi, und das mag mit
meiner Mutter zu tun haben. Ihr Vater, mein Großvater,
war nämlich katholischer Deutscher, und angeblich ist
dieser Großvater beim Militär im Bismarck-Preußen so
geschunden worden, dass er gesagt hat: *Das tu ich mir nicht
mehr an, ich gehe ins katholische Österreich.* Und er, der
Deutsche, war der Antinazi, der Pro-Österreicher. Dagegen waren die anderen, der tschechische Familienteil, aus
Überanpassung Nazis, weil sie die besseren Deutschen sein
wollten. Diese Familiengeschichten haben mir die Komplexität Österreichs gezeigt.

Busek: Das ist interessant. Bei mir ist das familiär anders
gelaufen. Mein Vater entstammt einer sehr großen Familie, da gab es immer in irgendwelchen Hinterzimmern von
Wirtshäusern große Familienfeste. Dort begann meine
politische Erziehung. Wenn ich mit meinen Eltern dahin
kam, haben sie sich zunächst umgesehen, wer aller dort ist,
und dann hat mich mein Vater am Arm zur Seite gezogen

und gesagt: „Pass auf, Bua: Der da is' a kommunistischer Straßenbahner, und der dort war bei der SS und is' jetzt Schlafwagenschaffner. Mit den beiden redest nicht. Alle anderen sind in Ordnung."

Pelinka: Bereits großkoalitionäre Vorgaben.

Busek: Es war eine ganz klare Abgrenzung, was nicht in Frage kommt. Aber man hat natürlich immer sofort hinzugefügt: „Die sind angeheiratet, die gehören eigentlich nicht zur Familie!" Diese grundsätzlich politische Orientierung habe ich also schon von Kindheit an inhaliert. Aber grundsätzlich zähle ich natürlich zu der Generation, die vom Wiederentstehen Österreichs sehr beeindruckt war. So haben wir unter meinem Vorsitz im Bundesjugendring, einer Zusammenfassung aller demokratischen Kinder- und Jugendorganisationen, die *österreichische Nation* beschlossen.

Pelinka: Gegen den Deutschnationalismus.

Busek: Ja, gegen den Deutschnationalismus einerseits, aber anderseits war das eine Identitätsfrage: Es gab die französische Nation und italienische Nation und wir beschlossen eben, dass es die österreichische Nation gibt. Das sehe ich heute natürlich skeptisch – wegen des Begriffs der *Nation*.

Pelinka: In meiner Klasse gab es damals, das war in den späten 50er Jahren, ständig den Streit zwischen den zwei Gruppen, die sich für Politik interessiert haben: Die eine Gruppe hat Witze über Gaskammern gerissen und Roosevelt als Juden bezeichnet. Zur anderen Gruppe habe ich

gehört, und wir waren Antinazi. Wenn nun die andere
Gruppe behauptet hat: *Wir sind alle Deutsche.* Dann haben
wir dagegen gewettert. Und die logische Folge davon ist
eine österreichische Nation.

Busek: Wir haben eigentlich die Konflikte unserer Eltern
ausgetragen.

Pelinka: Das war ja damals noch aktuell. Die Nazi-Buam
in meiner Klasse hatten lauter Nazi-Eltern.

Busek: Na klar, die Jugendlichen haben das in der Schule
wiedergegeben, was ihnen die Eltern zu Hause erzählt
haben. Aber ich muss sagen, bei mir in der Klasse hat es
diese Nazis nicht gegeben.

Pelinka: Bei mir schon! Aber die Nazi-Vergangenheit war
ja auch noch nicht lange her. Ich habe im Jahr 1960 matu-
riert, da war der „Anschluss" gerade 22 Jahre zurück. Uns
ging es um die Abgrenzung der österreichischen Identität vom deutschen Staat. Das war brennend! Dass solche
Gedanken heute nicht mehr brennend sind, ist ja ein gutes
Zeichen.

Busek: Das passt gut zu deiner Frage, warum ich Politiker
geworden bin. Ich bin wegen des Ö zur ÖVP gegangen,
das war damals das Zeichen der ÖVP, nicht wie heute
das V. Das war sicherlich die österreichischere Partei.
Gegenüber der Sozialdemokratie hatte ich Bedenken,
auch wegen meines kirchlichen Hintergrunds, weil es in
der Sozialdemokratie damals eine antikirchliche Komponente gegeben hat.

Pelinka: Das waren auch für mich Gründe, warum ich nie einer Partei beigetreten bin. Josef Klaus war 1963 gerade frisch gewählter ÖVP-Bundesparteiobmann, aber noch nicht Bundeskanzler. Ich bin als Student zu einem Vortrag in einem ÖVP-Lokal in Wien Döbling gegangen, um das Thema Kameradschaftsbund anzusprechen, in dem eine Wehrmachts-Nostalgie dominant war. Klaus hat dort einen Vortrag gehalten, und ich habe ihm danach vor großem Publikum die Frage gestellt: „Herr Minister, der Kameradschaftsbund hat jemanden als Präsidenten vorgeschlagen, dessen Einstellung zum Nationalsozialismus unklar ist, und Sie haben gesagt: *Das wäre ein guter Kandidat.*" Fünf Leute haben geklatscht, die waren halt beeindruckt, dass ich als *Youngster* den Mut habe, dem Klaus so eine Frage zu stellen. Um eine ordentliche Antwort hat er sich aber gedrückt. Diese mangelnde Abgrenzung der ÖVP vom Nationalsozialismus war für mich ein Grund, warum ich nicht der ÖVP beigetreten bin. Bei der SPÖ war das ähnlich, auch die SPÖ war gegenüber den ehemaligen Nationalsozialisten nur zu oft widersprüchlich, sodass ich zu beiden Regierungsparteien eine kritische Distanz behielt. Rückblickend denke ich, diese Parteien hatten eine opportunistische Haltung gegenüber dem Nationalsozialismus, weil das bei zumindest einem Drittel der Wählerschaft ein familiäres Tabu war, darüber zu reden. Ich wollte also nicht in diese Parteien hineingehen und in der Folge bin ich deswegen auch nicht Politiker geworden.

Busek: Ich denke, wir sollten einmal für junge Leser dieses Buches zusammenfassen, was du in Vorträgen als „Sündenfall der österreichischen Politik" bezeichnest. Das hilft sicherlich dem Verständnis.

Pelinka: Nach dem Krieg, 1945, beschließt die provisorische Staatsregierung von Karl Renner, dass alle Mitglieder der NSDAP bei der Wahl 1945 kein Stimmrecht haben.

Busek: 600.000 Menschen.

Pelinka: Im Laufe der folgenden Jahre wurde klar, dass das kein Dauerzustand sein kann – 15 Prozent der Wahlberechtigten von der Demokratie auszuschließen. Vor den nächsten Nationalratswahlen 1949 hatten die Parteien die Karotte der Nazi-Stimmen vor Augen.

Busek: Und daher hat der SPÖ-Innenminister Oskar Helmer den VdU aus wahltaktischen Überlegungen bei den Nationalratswahlen zugelassen.

Pelinka: In der Annahme, die meisten Nazis würden ÖVP wählen. Der VdU war als *Verband der Unabhängigen* das politische Sammelbecken für die ehemaligen Nationalsozialisten.

Pelinka: Etwa 50.000 Menschen hatten weiterhin kein Stimmrecht, das waren die Schwerbelasteten, darunter die gesamte Gründungsgeneration der späteren FPÖ. Von den übrigen Minderbelasteten haben, grob gesagt, ein Drittel die ÖVP, ein Drittel die SPÖ und ein Drittel den VdU gewählt. Das war eine Zersplitterung des deutschnationalen Lagers, wobei die überzeugten Nazis mit hoher Wahrscheinlichkeit den VdU gewählt haben. Und im Jahr 1955 wurde aus dem VdU die Freiheitliche Partei Österreichs.

Busek: Die Folgen für Österreich sind bis heute in manchen Bundesländern sichtbar. Die Kärntner Sozialistische Partei hat es großartig verstanden, die Nazis zu integrieren. Da gibt es vom ehemaligen Landeshauptmann Leopold Wagner die berühmte Aussage: „Ich war selber ein hochgradiger HJ'ler." In der Steiermark hat die ÖVP unter Alfons Gorbach aus wahltaktischen Überlegungen die Nazis integriert und sich so die Mehrheit gesichert.

Pelinka: Ich habe lange Zeit in der Annahme gelebt, die große Koalition war bewundernswert geradlinig. Zunächst hatte ich auch viel Sympathie für Bruno Kreisky, bis er als Bundeskanzler 1970 fünf ehemalige Nationalsozialisten zu Ministern machte. Das kühlte meine Sympathie ab.

Busek: Kreisky hatte die Regierung mit den meisten Nationalsozialisten in Österreich. Wobei man bedenken muss, dass er in der Dollfuß-Schuschnigg-Zeit im Anhaltelager Wöllersdorf interniert war. Und so waren ihm halt die Nazis, die mit ihm dort eingesessen sind, näher als die Christlichsozialen.

Pelinka: Und dann kam die Affäre um Simon Wiesenthal. Dieser hatte aufgezeigt, dass die SS-Einheit, der Friedrich Peter, Bundesparteiobmann der FPÖ, angehört hatte, im Rahmen des Holocaust an der massenhaften Ermordung von Juden beteiligt war. Kreisky hatte schon vor der Wahl für den Fall des Verlustes der absoluten SPÖ-Mehrheit die Weichen für eine Koalition mit der FPÖ gestellt. Für diese Variante, die dann wegen des Gewinns der absoluten Mehrheit nicht zum Tragen kam, war Wiesenthals Vorstoß natürlich eine Belastung.

Busek: Das war 1975.

Pelinka: Und als Wiesenthal mit diesen Vorwürfen an die Öffentlichkeit ging, ist der Kreisky völlig ausgerastet. Er hat dem Juden Simon Wiesenthal vorgeworfen, ein Nazi-Kollaborateur und Gestapo-Informant gewesen zu sein. Unglaublich! Unfassbar!!

Busek: Das ist auch eine bleibende Sünde wider den Geist von Bundespräsident Heinz Fischer, der hier mitgemacht hat.

Pelinka: Er wollte als Klubobmann der SPÖ einen Untersuchungsausschuss gegen Simon Wiesenthal einsetzen. Völlig absurd! Untersuchungsausschüsse sind da, um die Regierung zu kontrollieren, aber nicht, um einer Regierung die Möglichkeit zu geben, ihre Staatsbürger zu kontrollieren. Damit hat Fischer erreichen wollen, dass Wiesenthal seine Klage gegen Bruno Kreisky zurückzieht.

Busek: Hat er auch erreicht. Er war dem Kreisky ein wenig hörig.

Pelinka: Das war ein Verhalten, das einer Erpressung gleicht. Da genügt mir der Hinweis auf die Abhängigkeit von Kreisky nicht. Fischer drückte freilich nur die Haltung der gesamten SPÖ aus: Da hat der Kreis der sozialdemokratischen Antifaschisten Kreisky die Mauer gegen Wiesenthal gemacht. (Ausgenommen Paul Blau.) Und das hat mich gestört, als im Jahr 1986 diese Antifaschisten gegenüber Kurt Waldheim einen Maßstab anlegten, den sie gegenüber Peter nicht anlegen wollten – aus Gründen der Parteidisziplin.

Busek: Na ja, aber man muss sagen, Heinz Fischer war nie ein Held. Von Kreisky gibt es die Anekdote: „Immer wenn es eine kritische Abstimmung gegeben hat, ist der Fischer aufs Klo gegangen."

Pelinka: Für mich selbst muss ich sagen: Meine Bewunderung für Bruno Kreisky war nach diesen Sündenfällen dahin. Das änderte freilich nichts daran, dass ich viele andere von Kreiskys politischen Weichenstellungen begrüßt habe.

Busek: Ich möchte einen Sündenfall mehrerer Nachkriegsregierungen hinzufügen, nämlich dass sie es nicht fertig gebracht haben, an die Vertriebenen von 1938 die Aufforderung zu richten, zurückzukehren. Österreich hat damit einen unvorstellbaren Verlust intellektueller Kapazität hingenommen. Darunter leidet das Land noch heute!

Pelinka: Es gibt eine Studie, erstellt von einem japanischen Wissenschafter, der in den 1990er Jahren einige Zeit am Collegium Budapest arbeitete. Der Autor hat sich gefragt, warum Ungarn das Land mit den meisten Nobelpreisträgern im Verhältnis zur Einwohnerzahl ist. Die Antwort lautet: Ein Großteil der ungarischen Nobelpreisträger bestand aus vertriebenen Juden.

***

Busek: Ich möchte wieder auf unsere persönliche Geschichte zurückkommen. Bei mir hat es rückblickend noch einen anderen Aspekt gegeben, warum mir die ÖVP näher stand. Ich habe einen katholischen Hintergrund, wie schon mehrmals erwähnt, und meine Heimatpfarre war Lichtental im 9. Wiener Bezirk. Das war in meiner Kindheit eine fürchterlich arme Arbeitergegend. Und nahe der Pfarre lag das SPÖ-Bezirkslokal. Dort mussten sämtliche Prozessionen vorbei: Auferstehungsprozession, Fronleichnamsprozession usw. Und wenn wir dort mit der Prozession vorbeikamen, sind wir beschimpft und mit Steinen beworfen worden. Das hat mich wahnsinnig beeindruckt! Und nur nebenbei bemerkt: Die Steinewerfer waren später Kollegen von mir im Wiener Gemeinderat ...

Pelinka: Wenn ihr euch getroffen habt, hast du dir bestimmt auf den Kopf gegriffen und gesagt: „Die Beule habe ich dir zu verdanken."

Busek: So ungefähr, wir haben öfter den Witz gemacht: „Man kennt sich von früher."

Pelinka: Gab es in Hinblick auf Parteienpräferenzen einen Einfluss von deinen Eltern?

Busek: Nicht direkt. Rechts war in meiner Familie tabu. Ich bin ein einziges Mal von meinem Vater gefragt worden, was ich wähle. Dazu muss ich in Erinnerung rufen, mein Vater war Baumeister, also Ingenieur. 1963 stand die Wahl zum Bundespräsidenten an: Adolf Schärf, SPÖ, gegen Julius Raab, ÖVP. Letzterer war damals schon sichtlich todkrank. Mein Vater hat also gefragt: „Was wählst' denn?" Und ich habe geantwortet: „Papa, den Raab kann ich nicht wählen, dem hängt schon jetzt das Hemd am Hals 'runter, der hält bestimmt keine ganze Periode durch." Und mein Vater hat dann eine sehr nette Bemerkung gemacht: „Bua, ich sage nichts, aber eines sollst' wissen: Der Raab ist a Ingenieur und dein Vater is' a Ingenieur." Das war der ganze Einfluss!

Pelinka: Jetzt wollen wir aber schon wissen, was der *Bua* gewählt hat?

Busek: Den Ingenieur.

Pelinka: Trotz herunterhängendem Hemd.

Busek: Das war Loyalität meinem Vater gegenüber. Ich hatte ein äußerst gutes Verhältnis zu ihm und habe ihm viel zu verdanken: Meine Bibelkenntnisse, den protestantischen Arbeitsethos ...

Pelinka: Religion hat offenkundig eine große Rolle gespielt.

Busek: Sehr. Er hat einmal eine Entscheidung getroffen, die wahrscheinlich einen wesentlichen Einfluss auf mein Leben gehabt hat. Meine Mutter hat die Frage aufgeworfen, ob man mich nicht in eine konfessionelle Schule schicken sollte? Und mein Vater hat in meinem Beisein einen einzigen markanten Satz gesagt: „Nein! Der geht in a staatliche Schule, ich möchte nämlich, dass er fest im Glauben bleibt." Rückblickend verstehe ich das und bin ihm sehr dankbar dafür.

Pelinka: Also mit Steinen bin ich nie beworfen worden. Aber das weist auf eine interessante Entwicklung hin. Ich bin auch im weißen Hemd am katholischen Bekenntnistag durch Wien marschiert, und einmal hat diese Prozession in St. Anton im tiefsten Favoriten begonnen. Es war völlig klar: Wien, 10. Bezirk, *Feindesland!* Am selben Tag, 30. April, hat die Sozialistische Jugend ihren Fackelzug abgehalten. Uns war im Vorhinein gesagt worden: „Lasst euch nicht provozieren. Da kann alles passieren." Ich habe als pubertierender Junge weniger an fliegende Steine gedacht, als dass die Mädchen uns Katholiken erotisch provozieren würden. Passiert ist weder das eine noch das andere. Aber das eigentlich Interessante an diesen Geschichten ist, dass das heute alles weg ist! Es gibt keinen Fackelzug der Sozialistischen Jugend mehr und keinen Aufmarsch der Weißhemden der katholischen Jugend. Diese Fragmentierung, dieses klare Bild: *Wir sind hier und die anderen sind dort!*, das bis zum Steine werfen auf *die anderen* reichen konnte – alles weg! In diesem Sinne ist das Österreich von heute anders als das Österreich aus meiner Jugend.

Busek: Die Polarisierung verläuft heute entlang anderer Linien. In Favoriten leben heute die Anhänger der Freiheitlichen Partei und die Immigranten Tür an Tür. Und hassen einander!

Pelinka: Ja, höchst unerfreulich! Ein Drittel im Gemeindebau wählt FPÖ. Das große Thema dort lautet Migration. Das entscheidende Thema der Sozialschwachen in Österreich – und ganz besonders im Ballungsraum Wien – ist die mögliche Verdrängung durch sozial noch schwächere Zuwanderer oder Menschen, die zumindest als Zuwanderer etwa der zweiten Generation gelten, und die bereit sind, für noch weniger Geld zu arbeiten. Davor haben diese Leute Angst. Hier verhält sich ein verkleinbürgerlichtes Proletariat so, wie das Kleinbürgertum vor 100 Jahren – es geht nach rechts. Und der damals verbreitete Slogan: „Ihr Proletarier habt nichts anderes zu verlieren als eure Ketten", stimmt eben nicht mehr. Dank der Sozialdemokratie und der Sozialpartner. Die haben etwas zu verlieren!

Busek: Und dann heißt es: Die leben auf unsere Kosten, die sind Nutznießer unseres sozialen Systems. So entstehen massive Konflikte. Um es anhand eines Beispiels zu sagen: Ich bin Vorsitzender vom Universitätsrat und bin in dieser Funktion einmal ins Allgemeine Krankenhaus gegangen. In der Notfallaufnahme vom Wochenende sitzen dort ganze Batterien von Immigranten; einer hat etwas, aber die ganze Familie kommt mit, das ist einfach Familienverhalten. Bloß, unter der Woche ist die Notfallaufnahme mit 24 Ärzten besetzt, am Wochenende mit 5. Da gibt es dann unheimliche Kleinkonflikte zwischen den erwähnten sozialen Schichten. Wer das studieren will, dem kann ich nur empfehlen: Auf in die Notfallaufnahme des AKH!

Pelinka: Das ist eine neue Form des Klassenkonfliktes, die aber faktisch die relativ besser gestellten Arbeiter, sozusagen die Einheimischen, gegen die noch nicht so gut gestellten Arbeiter, die Immigranten, stellt. Der Teil der Arbeiterschaft, der sich den „echten Österreichern" zurechnet, fühlt sich von den nicht als „echt" wahrgenommenen Zuwanderern bedroht. Das ist nichts typisch Österreichisches, das können wir überall auf der Welt beobachten. Der Soziologe Theodor Adorno hat in den 40er Jahren in den USA an der berühmten F-Studie mitgearbeitet, worin steht: Die vorletzte Gruppe in der Hierarchie einer sozial ungleichen Gesellschaft ist die, die am markantesten und massivsten die letzte Gruppe ablehnt.

Busek: Das ist in Wien die Auseinandersetzung am Viktor-Adler-Markt und am Brunnen-Markt. Der Viktor-Adler-Markt in Wien-Favoriten: früher ganz klar in der Hand der SPÖ. Heute dominiert dort die Freiheitliche Partei – und die Immigranten. Die Sozialdemokratie hat dort nichts mehr zu suchen.

Pelinka: Da sieht man das Problem der Sozialdemokraten. Einerseits müssen sie die Bobo-Front gegenüber den Grünen halten. Plakativ gesagt: mit Matura, linksgrüne Lehrer, Radfahrer. Die dürfen sie nicht den Grünen überlassen, sonst werden sie zur Kleinpartei. Andererseits müssen sie auf der gegenüberliegenden Seite ihrer Flanke gegen die verängstigten, sich von der Immigration bedroht fühlenden Proletarier verteidigen. Diesen Spagat werden sie nicht schaffen.

Busek: Die Sozialdemokraten sind Opfer ihres Erfolges. Das sind Gruppen, die durch die Sozialdemokratie etwas gewonnen haben, und die jetzt Angst haben, dass sie es verlieren. Und dann stellt sich ihren Politikern die Frage: *Für wen bin ich jetzt?*

Pelinka: Das ist in Frankreich interessant: Früher war die Kommunistische Partei die eigentliche Arbeiterpartei und die Sozialisten waren die zweiten. Heute existiert die Kommunistische Partei kaum noch, weil die Arbeiter direkt, ganz ohne Zwischenstopp zur Front Nationale gegangen sind. Und die französischen Sozialisten haben es sich als Lehrerpartei ganz gut eingerichtet. Dort haben die Parteien nicht unser Dilemma, weil sie von vornherein kein Proletariat hatten.

Busek: Die SPD steht in Deutschland vor dem gleichen Problem wie die SPÖ, sie verliert die Arbeiter.

Pelinka: Also wenn ich zusammenfasse, dann muss man in einem ersten Schritt eine Situationsanalyse machen –

und diese macht unsere Politik durchaus. Das Problem liegt im zweiten Schritt – die strategischen Schlussfolgerungen. Hier liegt die Schwierigkeit.

***

Pelinka: Dazu passt der Satz auf meinem Vorbereitungs-blatt: „Was haben wir nur falsch gemacht, dass wir uns in Österreich gegenwärtig in solch einer Situation befinden?" Für mich ist das ein typischer Satz von Erhard Busek.

Busek: Ist doch so!

Pelinka: Die Freiheitliche Partei hat heute in den Gemein-debauten ein Drittel der Stimmen. Die SPÖ hat innerhalb einer Generation zwei Drittel ihrer Mitglieder verloren, die sind bei 250.000 Mitgliedern.

Busek: Bei der ÖVP ist es ein analoger Prozess.

Pelinka: Interessant daran ist, dass die Parteien nicht Mitglieder verloren haben, weil die austreten, sondern weil keine Jungen mehr eintreten. Dazu passt, dass die Freiheitlichen keine Massenmitgliederpartei geworden sind, sondern die FPÖ wird nur gewählt, man ist aber nicht Mitglied der Partei. Genauso bei den Grünen. Die Parteimitgliedschaft ist ganz allgemein ein Element der Vergangenheit.

Busek: Das wird in Zukunft sicherlich vom Internet ersetzt. Aber ich vermute, das werden keine Mitgliedschaften im klassischen Sinn sein, sondern eher Informationsketten.

Pelinka: Das hat Barack Obama im Jahr 2008 vorgemacht. Der hat, ganz ohne Parteimitgliedschaften, die Menschen wunderbar mobilisiert.

Busek: Ich halte diese Entwicklung für einen ungeheuren Fortschritt. Das ist ein Weg zu mehr Demokratie. Wir waren nach 1945 sicherlich formal eine Demokratie, aber mit dem zuvor beschriebenen Lagerdenken, war das keine offene Gesellschaft.

Pelinka: Heute ist eine parteipolitische Normalisierung eingetreten. Gegen wen soll man Steine werfen bzw. mobilisieren? Die Menschen haben gelernt, dass es eine ÖVP-Alleinregierung gab und eine SPÖ-Alleinregierung gab, und nichts ist geschehen.

Busek: Das waren in Wahrheit stille Koalitionen.

Pelinka: Genau. Weder hat die ÖVP die Dollfuß-Diktatur wieder eingeführt und die Gewerkschaften aufgelöst, noch hat die SPÖ die Kühe im Stall der Bauern verstaatlicht. Es ist nichts Böses passiert.

Busek: Normalität eben.

Pelinka: Ich betrachte den politischen Zustand Österreichs als Ergebnis einer Europäisierung. Was wir sehen, ist, dass in einem Großteil der Nachbarländer keine Partei 30 Prozent erreicht. Nicht in der Schweiz, nicht in den Niederlanden, nicht in Norwegen, Dänemark usw. Ist der Abstieg der Großparteien SPÖ und ÖVP wirklich so dramatisch, wie es auf den ersten Blick scheint? Es hat Nachteile, natürlich, aber es ist nicht dramatisch. Wir müssen uns daran gewöhnen, dass die Säulen der Zweiten Republik nicht mehr so stabil sind, nicht mehr so berechenbar. Die Politik wird offener, das Risiko höher. Das ist so in ganz Europa. Die SPÖ ist heute froh, wenn sie über 25 Prozent der Stimmen kommt und die ÖVP ist zu Tode froh, wenn sie knapp über der FPÖ liegt. Demnächst werden wir vielleicht sieben oder acht Parteien im Nationalrat haben. Das ist einfach eine wenigstens nicht unerfreuliche Normalisierung. Wenn ich mir die Vergleichsdaten anschaue, dann zeigt sich mir bis zum Jahr 1979 eine europäische Anomalität: Bei einer Wahlbeteiligung von mehr als 90 Prozent wählten mehr als 90 Prozent entweder die SPÖ oder die ÖVP. Das gab es in keinem anderen Land Europas, außer in Malta. Das änderte sich erst in den 80er Jahren, aufgrund gesellschaftlicher Veränderungen, und nicht weil die Politiker unfähiger geworden sind. Das hängt zusammen mit dem Generationswechsel, mit der beginnenden Globalisierung, die Modernisierungs-Verlierer und Modernisierungs-Gewinner erzeugt, und das alles hat sich auf Österreich genauso ausgewirkt wie anderswo.

Busek: Da müssen wir uns mit Ländern vergleichen, die vergleichbar sind.

Pelinka: Richtig. Mit der Schweiz können wir uns vergleichen, mit Ungarn und Tschechien nicht, diese Länder hatten bis zum Umbruch ein anderes politisches System. Auch mit Belgien können wir uns nicht vergleichen, dort hat es den alles überlagernden Sprachenkonflikt gegeben. Dagegen können wir uns mit den Niederlanden gut vergleichen, die hatten schon vor Österreich eine einflussreiche Sozialpartnerschaft, und diese Säulen brachen in den Niederlanden schon in den 60er Jahren auf, bei uns in Österreich kommt das erst 20 Jahre später. Im Norden existiert längst keine sozialdemokratische Hegemonie mehr, die Sozialdemokraten sind in Schweden schon lange in Opposition, es werden Regierungen mit xenophoben Parteien gebildet, die in vielerlei Hinsicht der Freiheitlichen Partei ähnlich sind. Das passiert überall in Europa, und nicht nur in Österreich. Bei uns ist das eher ein Nachhinken.

Busek: Und Deutschland ist anders.

Pelinka: Das fällt auf, ist aber erklärbar. Die SPD ist zunächst ungefähr dort, wo die SPÖ steht. Die CDU/CSU haben noch 40 Prozent – unglaublich. Aber da spielt die Wiedervereinigung eine große Rolle. In Ost und West gibt es bloß zwei große Parteien: SPD und CDU. Die Linkspartei ist eine Nachfolgepartei der kommunistischen Partei, in Westdeutschland allein wäre diese nicht wahrnehmbar; die existiert nur, weil eine starke Minderheit der ehemaligen DDR nachtrauert. So gesehen sind Ostdeutschland und Westdeutschland weiterhin differenziert – womit ich aber nicht die Erfolge der Wiedervereinigung in Frage stellen will. Was natürlich auffällt, ist, dass es kein Pendant zur FPÖ gibt. In Frankreich gibt es die Front Nationale, in den Niederlanden gibt es die Freiheitspartei des Geert Wilders, die insofern am Interessantesten ist, als sie zum Kern einer Parteifamilie werden könnte, die Dänische Volkspartei, die Schweden-Demokraten – die sind sich alle sehr ähnlich, nämlich freiheitliche Parteien, die nicht mehr die eine nationalistische Karte spielen und denen auch nicht der Geruch des Nazismus anhängt. Nur in Deutschland gibt es so eine

Partei nicht. Insofern sehe ich die österreichische Entwicklung zwar nicht erfreulich, aber europäisch.

Busek: Ich war viele Jahre lang Bestandteil dieses politischen Systems, das sich gerade verabschiedet. Deswegen habe ich auch einen anderen Zugang zu der Frage: „Was haben wir falsch gemacht?" Meine Sorge ist, dass die Qualität der Politik im Sinken ist, und ich stelle mir die Frage: Wieso schaut das programmatisch so schwach aus, und wieso gibt es nicht hinreichend Personen bei den beiden Großparteien, die sich darauf einstellen. Ich bin in einer Zeit groß geworden, wo ÖVP und SPÖ um die 40-Prozent-Marke gekämpft haben.

Pelinka: Heute liegen wir bei 20 und 25 Prozent.

Busek: Aber die Stabilität hat dem Land gut getan. Die Beteiligten haben es offensichtlich nicht verstanden, das weiterzuentwickeln. Die Sozialpartnerschaft hat an Bedeutung verloren. Lange Zeit war ihr die Kapazität zu eigen, Konflikte auszutragen, Kompromisse zu finden, aber vor allem auch Probleme zu identifizieren, welche die von ihnen vertretenen Gruppen letztlich in irgendeiner Weise gemeinsam gelöst haben. Das trägt heute nicht mehr. Interessanterweise haben wir gegenwärtig, da wir uns für dieses Buch treffen, einen Konflikt zwischen einer Gewerkschaftsorganisation, der der Lehrer, und der öffentlichen Hand. Die Verhandlungen dauern Monate, und haben mit Sozialpartnerschaft eigentlich nichts zu tun, weil der Staat ja kein Unternehmer ist.

Pelinka: Und der kämpferische Vertreter der öffentlich Bediensteten, Fritz Neugebauer, bis vor kurzem Zweiter

Nationalratspräsident war. Wer ist stärker: Ich oder Ich? Das ist Nestroy *live*.

Busek: Das spielt sich ja alles im geschützten Bereich ab. Darauf weisen auch die anderen Gewerkschaftsteile hin, welche diese Privilegien der Lehrer nicht haben. Was für die Lehrer noch zur Diskussion steht, wie die Arbeitszeitverlängerung, um nur ein Beispiel zu nennen, ist für andere Gewerkschaften überhaupt kein Thema mehr.

Pelinka: Das ist in Zeiten der Globalisierung auch klar: In den fortschrittlichen westlichen Industriestaaten gibt es Streiks fast nur noch in geschützten Bereichen wie bei den Lehrern. Streiken können die Metro-Fahrer in Paris, weil die brauchen nicht zu fürchten, dass das Kapital nach Shanghai abgezogen wird; die Pariser Metro kann nur in Paris fahren. Bei den Renault-Arbeitern schaut das anders aus: Die müssen fürchten, dass die Firmenleitung sagt: Wir gehen nach China. Ende! Und so gesehen, passt es ins Gesamtbild der westlichen Industriegesellschaften, wenn die österreichischen Lehrer, ein geschützter Bereich par excellence, stark auftreten, während die anderen das immer weniger können.

Busek: Ich möchte auf meine Überlegung zur Qualität in der Politik zurückkommen. Wenn ich mir die politischen Entwicklungen kritisch ansehe und dabei einen Seitenblick auf die FPÖ werfe, habe ich Sorge, dass der ÖVP das Gleiche passieren könnte, was in Italien der Democrazia Cristiana passiert ist. Dass die Partei in unterschiedliche Richtungen aufgefächert wird, dass neue Parteien wie zum Beispiel die NEOS auftauchen usw. Die vergangenen Wahlen haben ja gezeigt, dass Platz für solche neuen Entwicklungen ist.

Pelinka: Das ist gelebte Demokratie, eine Versteinerung des Systems wünscht sich niemand.

Busek: Aber es geht um die Qualität der handelnden Personen und um die Ideen. In Wirklichkeit hat sich ja der Kern der beiden Regierungsparteien von ihren eigentlichen Ausgangspunkten weit entfernt. Für die Volkspartei muss ich sagen, dass die christlichsoziale Komponente im guten Sinn verschwunden ist. Nur als Beispiel: Eine Diskussion in Hinblick auf das große Problem der Migration hat nicht stattgefunden. Das Gleiche gilt für die Sozialdemokratie. Wenn im Gemeindebau ein Drittel der Menschen die FPÖ wählt, hat sich auch dort im Kern etwas verändert; und wenn dann die programmatische Diskussion der Jugendfigur des 80-jährigen Karl Blecha anvertraut wird, sieht man, dass auch dort etwas falsch läuft.

Pelinka: Wenn ich mir überlege, wie wir aus dieser Situation heraus kommen, dass wir von, sagen wir mal, Kometen wie einem Frank Stronach abhängig werden, welche heute auftauchen, aber schon morgen wieder verglüht sind und welche die Berechenbarkeit des politischen Systems völlig kaputt machen *könnten* (nicht kaputt machen, sondern *könnten*), dann sehe ich als Modell die Schweiz. Nicht, dass dieses Modell ideal wäre, aber es ist diskutabel. Was heißt das? Verschweizerung würde bedeuten: Ein Regierungsproporz, der die Parteien ab einer bestimmten Größe in die Regierung bringt, ergänzt durch eine Stärkung der direkten Demokratie – Stichwort: Volksabstimmungen, zur Auflösung von Blockadesituationen. Das hat Vorteile und Nachteile, ich sage nicht, dass dieses Modell ein Wunderrezept ist.

Busek: Dann wäre der Strache in der Regierung.

Pelinka: Natürlich! Der wäre Minister, bzw. die FPÖ würde mindestens ein oder zwei Minister stellen – von zehn Ministern oder so. Entsprechend der Stärke.

Busek: Ich glaube, das wird durch die Angst vor der direkten Demokratie verhindert. Die ist in diesem Land bei hohen Funktionären ganz stark verbreitet. Das beginnt beim Herrn Bundespräsidenten und geht bis hinein in die Gerichtsbarkeit.

Pelinka: Ich verstehe die Argumente dagegen. Trotzdem muss man darüber diskutieren.

Busek: Am Lustigsten finde ich, dass Bundespräsident Heinz Fischer, der ein Ergebnis der direkten Demokratie ist, ein großer Gegner ist. Der ist sich über seine eigene Kreation nicht im Klaren.

Pelinka: Ja, ich habe seinen Kommentar in der Zeitung gelesen. Diskutieren muss man darüber können. Es gibt eine zweite Variante, die ich für die Risikoreichere halte, das ist die Minderheitsregierung. Solche gibt es vor allem in fortschrittlichen westeuropäischen Demokratien, wie zum Beispiel in Skandinavien. Diese Minderheitsregierungen sind relativ stabil und bedeuten für das Parlament eine Aufwertung, weil die Mehrheiten jeweils neu ausgehandelt werden müssen. Voraussetzung dafür ist eine gewisse Zusage, dass man eine bestimmte Zeit lang nicht durch ein Misstrauensvotum gestürzt wird, dass Budgets durchgehen – das muss vor Antritt der Regierung ausgehandelt werden. Eine

Minderheitsregierung braucht gewisse Zusagen von einem Teil der Opposition, die eine Duldung auf Zeit bedeuten. Aber in allen anderen Aspekten gibt es ein freies Spiel. Das wäre ein riskantes, aber spannendes Demokratiespiel.

Busek: Das ist in der Theorie richtig. Aber ich halte das nicht für wahrscheinlich, weil das österreichische Parlament schon lange aufgehört oder noch nie richtig begonnen hat, selbstständig zu denken. In der gegenwärtigen Situation sind die Parlamentarier dazu nicht in der Lage.

Pelinka: Fürchte ich auch. Aber wenn man sie nicht ins kalte Wasser wirft, werden sie dazu nie in der Lage sein. Denken wir das doch zu Ende: Sofern nicht Unvorhersehbares passiert, wird es bei den Wahlen 2018 keine Mehrheit mehr für SPÖ und ÖVP geben. Was heißt das? Dass es auch keine andere Mehrheit für zwei Parteien geben wird.

Busek: Eine *menage à trois* wäre möglich – mit allen Vor- und Nachteilen.

Pelinka: Genau. Aber bei einer *menage à trois* müsste es doch schon vor der Wahl klar sein, welche Koalitionsoptionen zur Wahl stehen. Die Wählerinnen und Wähler müssten wissen, auf welche Regierungsvarianten sich die Parteien einstellen. Das ist einer der übelsten Aspekte der österreichischen Politik: Zuerst wird gewählt, und dann sagen wir, mit wem wir regieren wollen. Die Koalitionspräferenzen zu verbergen, das läuft auf eine Täuschung der Wähler hinaus. Der will ja wissen, wer mit wem regieren will. Ein Gedankenspiel: 1983 hätte ich entscheiden können, ich wähle die SPÖ, weil ich will, dass die Regierung Kreisky fortgesetzt wird. Und ich will unter keinen Umständen, dass es eine Regierung SPÖ-FPÖ gibt. Wie komme ich dazu, dass ich zuvor nicht erfahre, ob die Regierung Kreisky gegebenenfalls eine Koalition mit der FPÖ eingehen wird?

Busek: Ich muss gestehen, das habe ich gemacht. Ich habe 1971 Bruno Kreisky gewählt, weil ich nicht wollte, dass die FPÖ ins Spiel kommt.

Pelinka: Danke für das Bekenntnis.

Busek: Meine Rechnung ist aufgegangen.

Pelinka: Daraufhin bist du ein paar Jahre später Generalsekretär der ÖVP geworden?

Busek: Richtig. Aber wir waren damals in der ÖVP nicht so wenig, das hatte sich eine ganze Gruppe überlegt und gleich gehandelt.

Pelinka: Aber noch einmal zur Minderheitenregierung. Das bedeutet, jene Partei mit der relativen Mehrheit, denn eine Absolute wird es nicht mehr geben, wird mit der Regierungsbildung beauftragt. Und die sucht sich Mehrheiten mit zwei oder drei anderen Parteien. Mit denen muss sie eine Art Stillhalteabkommen für die ersten ein, zwei Jahre vereinbaren, sonst wird die Regierung sofort bei der Nationalratssitzung gestürzt.

Busek: In der Theorie hat das viel für sich. Ich habe bloß diese berühmten und schrecklichen Beschlüsse knapp vor den Wahlen vor Augen.

Pelinka: Ja, idiotisch!

Busek: Die sind mit wechselnden Mehrheiten gefasst worden, und daran leiden wir noch immer von der vorletzten Wahl her.

Pelinka: 2008.

Busek: Ja, August 2008. Die Regierung Gusenbauer-Pröll war kaputt, also Alfred Gusenbauer und Josef Pröll. Die Regierung Werner Faymann und Josef Pröll war noch nicht im Amt. Und da haben die Nationalratsabgeordneten vor der Wahl entdeckt: *Wir können ja etwas! Es gibt nicht mehr die Koalitionsdisziplin, und wir zeigen, was wir können.* Und dann wurden Zuckerl verteilt, die bis heute ungeheuer viel kosten.

Pelinka: Die Abschaffung der Studiengebühren zum Beispiel. Das ist mir natürlich besonders aufgefallen. Im Prinzip wurde nach dem Motto „Uns ist nichts zu teuer" verhandelt: Wenn du da zustimmst, stimme ich dort zu.

Busek: Auf Kosten der Steuerzahler.

Pelinka: So ist es. Aber meine Grundannahme ist, dass, erstens, österreichische Parlamentarier weder dümmer noch klüger sind, als die Parlamentarier anderer Staaten. Das ist meine *Prämisse der Durchschnittlichkeit.* Zweitens gehe ich davon aus, dass man im Allgemeinen durch Erfahrung lernt. Das heißt also, wenn die Abgeordneten merken – nun endlich von der Bevormundung durch die Regierung befreit –, dass sie auch selbst entscheiden können, ohne zu schauen, was der Klubobmann sagt, was die Regierungspartei will, dann werden sie am Anfang sicherlich oft Blödsinn machen, aber durch Lernerfahrung werden sie in die Verantwortung hineingezwungen. Derzeit haben Abgeordnete kaum eine individuell wahrnehmbare Verantwortung. Denn die einen sagen: Wir müssen das tun, das hat unsere Partei ausgehandelt. Und die anderen sagen: Wir müssen dagegen sein, weil wir in der Opposition sind. Diese vorgegebenen Rollenzwänge würden bei einer Minderheitenregierung wegfallen. Das zeigt die Erfahrung aus anderen Ländern. Das heißt nicht, dass die Fraktionsdisziplin wegfällt, also das, was in Österreich Klubzwang heißt. Aber die strenge Aufteilung in Regierung und Opposition wäre aufgeweicht.

Busek: Ich kann mir das nur vorstellen, wenn man das Wahlrecht ändert. Gegenwärtig ist der Abgeordnete seinem Parteivorstand verantwortlich; dieser entscheidet, ob er bei den nächsten Wahlen wiederaufgestellt wird. Ich glaube auch, dass die Schweizer eine andere politische Moral haben; die Öffentlichkeit dort kennt nicht den Opportunismus, der bei uns herrscht. Wenn man das aus Erfahrung lernen kann, wie du argumentierst, ist die Frage: Was zahlen wir bis dahin für einen Preis? Hier geht es um die Lernfähigkeit von Bürgerinnen und Bürgern und natürlich um die öffentlichen Standards, die wesentlich von den Medien, alter und neuer Prägung, mitgetragen werden.

Pelinka: Stimmt schon, aber die Realität sagt mir: Die Fortführung dieser Koalition als das kleinste aller Übel, wird es in Zukunft nicht mehr spielen. Und da wir diese Option nicht mehr haben, müssen wir mit ein wenig Phantasie erarbeiten, was möglich ist. Ich habe die zwei Varianten erwähnt, beide sind nicht die große Lösung, weil die gibt es nicht, aber es sind zwei Denkmöglichkeiten: Konzentrations- oder Minderheitsregierung. Wobei zur ersten Variante hinzuzufügen ist: Für die Proporzregierungen á la Schweiz haben wir ja Beispiele in den österreichischen Bundesländern, da gibt es ja Erfahrungen.

Busek: Wobei es derzeit in die andere Richtung geht, dass der Proporz in Tirol und Salzburg abgeschafft wurde.

Pelinka: Das stimmt. Aber ich bleibe dabei: Wir haben derzeit eine Regierungsvariante – eine Zweierkoalition als kleinstes aller Übel, und diese Variante verliert ihre politischen Voraussetzungen. Eine Zweiparteienregierung wird es in Zukunft nicht mehr geben. Mit großer Wahrscheinlichkeit werden auch die beiden größten Parteien im Nationalrat nicht mehr über eine gemeinsame Mehrheit verfügen. Wir müssen uns also etwas anderes überlegen.

Busek: Ich glaube sogar, dass die Veränderungen noch grundlegender sein werden. Die Parteien werden nämlich schrittweise *zerbröseln*. Es hat einmal diesen Ausdruck „Flugsand der Wechselwähler“ gegeben. Und aus diesem Flugsand ist inzwischen eine Wanderdüne geworden. Man kann auch beim Stimmenzuwachs der FPÖ nicht sagen, dass sind lauter Freiheitliche im Strache'schen Sinn, sondern da sind auch Protestwähler enthalten.

Pelinka: Die FPÖ ist seit 20 Jahren die volatilste Partei. Die kommt und geht und kommt und geht.

Busek: Das heißt, die Kernwähler der Regierungspartei sind im Abnehmen begriffen, und der Rest verteilt sich. Man kann das auch so sehen: Die politische Landschaft wird nicht nur spannender, sondern auch interessanter. Die Kalkulierbarkeit wird jedenfalls weiter abnehmen.

Pelinka: Aber das tut sie schon seit Jahrzehnten. Sich das näher anzusehen, ist ganz interessant: Seit dem Jahr 1956 nimmt der gemeinsame Stimmenanteil von SPÖ und ÖVP zunächst zu, was logischerweise dazu führt, dass eine der Parteien irgendwann die absolute Mehrheit bekommt. Das heißt auch, der in Österreich verbreitete Glaube, die große Koalition ist bei uns in der DNA angelegt, stimmt nicht. Denn kaum war die erste Chance da, hat ÖVP-Kanzler Josef Klaus alleine regiert. Kaum war die zweite Chance da, hat SPÖ-Kanzler Bruno Kreisky allein regiert. Und ab 1979 geht es mit den Stimmenanteilen wieder bergab – von erklärbaren Ausnahmen abgesehen. Und ich glaube, dass dieses *Zerbröseln* einen Effekt mit sich bringen wird, nämlich dass das Verhalten der Abgeordneten im Parlament individualisierter wird.

Busek: Wenn sie es hoffentlich können!

Pelinka: Das wird eine Überlebensfrage sein. Wenn sie keinen Klubobmann mehr haben, der ihnen vorgibt, wo es lang geht, dann müssen sie sich einfach selbst definieren. *Wer bin ich, warum bin ich hier, wem bin ich verpflichtet usw.* Dann ist das parlamentarische Verhalten nicht mehr von einer Zentrale fremdbestimmt. Da wird es am Anfang sicherlich Pannen geben. Aber, und jetzt komme ich auf meine zuvor erwähnte *Prämisse von der Durchschnittlich-*

keit zurück: Da die österreichischen Abgeordneten nicht dümmer sein dürften als die in anderen Ländern, wird es zu einer Durchschnittlichkeit ihres Stimmverhaltens kommen. … Dein Blick sagt mir: Du gehst davon aus, dass sie dümmer sind!

Busek: Sie haben es jedenfalls nicht gelernt. Und bislang ist es kein Aufstiegskriterium. Das muss man auch sagen: Womit kann ein Abgeordneter auffallen? Zum Beispiel, indem er anders wählt als seine Fraktion. Aber dann ist er mit Sicherheit auch weg bei den nächsten Wahlen.

Pelinka: Die wirklich Mutigen im Parlament sind diejenigen, die wissen, sie werden zur nächsten Wahl nicht mehr aufgestellt.

***

Busek: An dieser Stelle möchte ich den Begriff der *Werte* in unsere Diskussion einführen, da die Werte-Debatte eine immer geringere Rolle spielt. Vielleicht hat das auch mit der Europäisierung und Globalisierung zu tun, vielleicht hat es auch mit der schon erwähnten fehlenden Schwarz-Weiß-Malerei zu tun. Stichwort: Ich bin Katholik, du bist Arbeiter; ich bin ein Christlichsozialer, du bist ein Sozi. Wir leben in einer ganz eigentümlichen Konvergenz-Gesellschaft, wo sich alle einig sind. Ich frage mich allerdings, wenn ich in die Geschichte zurückschaue, ob nicht irgendwann ein Contra-Programm entsteht und es zu einem *Clash* kommt. Das ist zunächst mal nur eine Sorge von mir. Ich habe vor Jahren schon einmal formuliert, dass man in Österreich den Kompromiss früher weiß, bevor man den Konflikt erkennt.

Pelinka: Das sehe ich anders. Wenn ich mir das Wahlverhalten in Österreich ansehe, erkenne ich als große erklärende Faktoren: 1. das Alter. 2. die Bildung. Und 3. Geschlecht. Betrachten wir das einmal näher: ÖVP und SPÖ sind die Parteien der Alten. Könnten die Alten erreichen, dass man erst ab 50 wählen dürfte, hätten wir das alte System. Die Jungen wählen überproportional Grüne oder Freiheitliche oder jetzt NEOS. Das heißt, könnten die Jungen verhindern, dass die über 40-Jährigen noch wählen dürfen, hätten wir ein völlig anderes Parteiensystem; da würden SPÖ und ÖVP wahrscheinlich an fünfter oder sechster Stelle liegen.

Busek: Da spielt jetzt der Faktor der Wahlbeteiligung hinein. Die Alten gehen nämlich zur Wahl.

Pelinka: Genau. Die Alten sind berechenbarer, stabiler, verlässlich. Der zweite erwähnte Faktor, neben dem Alter, war Bildung. Die Jungen mit höherer Bildung wählen überwiegend Grüne. Die Alten mit höherer Bildung wählen überproportional ÖVP. Die Jungen ohne höhere Bildung wählen überproportional Freiheitliche. Und die Alten ohne höhere Bildung wählen überproportional SPÖ. Und der dritte Faktor ist das Geschlecht: Die Freiheitlichen haben von der Schwerpunktsetzung her eine junge männliche Wählerschaft. Und die Grünen sind eine junge weibliche Partei. Wenn man nun die Wähler fragt, wo verorten Sie in einem Links-Rechts-Schema die Parteien, so kommt heraus: Die Grünen werden am weitesten Links wahrgenommen, und die Freiheitlichen am weitesten Rechts. Zusammengefasst heißt das: Die Jungen sind polarisierter als die Alten. Die eine Gruppe wählt Grün, die andere Blau. Ein Wechsel zur anderen Gruppe schließt sich fast aus. Genauso wie früher die Gegenüberstellung: Katholiken und Arbeiter. Die Jungen sind polarisiert zwischen den Modernisierungs-Gewinnern und den Modernisierungs-Verlierern – definiert durch Bildung und Lebenschancen. Und aus diesem Grund sehe ich deine *Konvergenz*-These skeptisch.

Busek: Ich habe meine These von der Konvergenz nicht auf das Wahlverhalten bezogen, da hast du sicher recht. Ich meine das Ergebnis der Politik. Die Unterscheidbarkeit der Politik ist heute geringer geworden. Wenn ich auf die Grünen Bezug nehme, um ein Beispiel zu erwähnen, dann sind das rein rhetorische Positionen. Da geht es vordergründig in den Medien ums Radfahren oder um die Mariahilfer Straße in Wien. Aber in Wahrheit kämpft man darum, genügend Posten etc. im Apparat zu bekommen, hintergründig sind die Verhaltensweisen sehr ähnlich zu dem der anderen Parteien. Und das ist nicht nur in Wien so, sondern auch in anderen Landesregierungen, ich erkenne keine Unterschiede zu den anderen Parteien. Ich vermute, dass der große politische Verwaltungsapparat eine so große Sogkraft hat, dass er gleiche Verhaltensweisen erzwingt.

Pelinka: Deiner Konvergenz-These stimme ich zwar nicht zu. Aber dein Beispiel erklärt etwa Wolfgang Schüssels kühne Aktion, die Freiheitlichen in die Regierung zu nehmen. Der mögliche Hintergedanke: Dann werden sie zeigen, dass sie auch nichts anders machen können und sind rasch entlarvt.

Busek: Deswegen haben sie die Regierungsbeteiligung und Machtbeteiligung nicht ausgehalten.

Pelinka: Grundsätzlich möchte ich zu unserer Wertediskussion anfügen: Die starken gesellschaftlichen Änderungen der vergangenen Jahrzehnte waren durch den Generationenwandel und der damit verbundenen Öffnung der Gesellschaft bedingt. Die Jüngeren waren immer weniger von den vorgegebenen, geschlossenen Denk- und Verhaltensmustern der Vergangenheit geprägt. Generationenwandel heißt, die alten Anreiz- und Drohsysteme funktionieren nicht mehr. *Also, wenn Ihr nicht aufpasst, dann wird es wieder so wie damals!* Ich erinnere mich an eine Wahlrede des legendären Karl Waldbrunner im Jahr 1966. Er war SPÖ-Verkehrsminister und Präsident des Nationalrates. Und er hat bei einer Wahlkampfveranstaltung einmal gemeint: „Passt's nur auf, es kann auch anders kommen!" Bitteschön, das war als Drohung gemeint: *Es kann anders kommen!*

Busek: Das ist Ausdruck einer Defensivgesellschaft. Man hat die Tendenz, alles zu verteidigen und jeder glaubt, dass eine Veränderung zum Verlieren führt. Es spricht zwar jeder von Reform, aber das, was man kennt, will man behalten, wenngleich sich auch die Voraussetzungen in der Gesellschaft geändert haben.

Pelinka: Dabei wollte damals die Sozialistische Partei die Gesellschaft verändern. Sicher ist, dass der Generationenwandel die Ursache ist, dass die alten Werte und Muster nicht mehr greifen. Die Nachkriegsgenerationen sind nicht mehr so bedingungslos loyal, und sie lassen sich auch nicht mehr so mobilisieren wie früher. Sie folgen nicht mehr der mit Knopfdruck abrufbaren Loyalität vergangener Bindungen. Und Globalisierung bedeutet, bezogen auf Österreich, dass die Vorstellung von der „Insel der Seligen" offensichtlich nicht stimmt. Das erkennt man am Reiseverhalten, am Karriereverhalten, auch am Heiratsverhalten. Wir haben heute Scheidungsraten von 50 Prozent.

Busek: Das wird noch weiter in die Höhe gehen.

Pelinka: Sicherlich. Vom Theologen Adolf Holl gibt es ja die witzige Bemerkung: „Die einzigen, die heute noch unbedingt heiraten wollen, sind die Gleichgeschlechtlichen." Und die katholische Kirche, die froh sein sollte, dass endlich wieder Leute heiraten, findet das entsetzlich. Aber das ist auch Globalisierung, ich glaube nicht, dass man diese hätte verhindern können – wenn man nicht gerade eine Kim-Il-sung-Diktatur anstrebt, die alles einfriert und dicht macht. Daher glaube ich nicht, dass die Politik sozusagen „schuld" ist an den Veränderungen.

Busek: Stimmt schon: Veränderungen sind notwendig, aber sie sind nicht per se etwas Gutes. Die entscheidende Frage ist: Was kommt dabei heraus? Mein Argument ist, ich habe das schon früher erwähnt, dass in der Politik die Qualität der handelnden Personen und der Ideen verlorengegangen ist, sodass die Politik nicht in der Lage ist, anstehende Probleme zu bewältigen. Ich verweise auf die augenblickliche Budgetlochdebatte …

Pelinka: Unfassbar! Vor ein paar Wochen waren Wahlen und davor will niemand gewusst haben, dass im Budget 30 oder 40 Milliarden Euro fehlen. Kurz nach den Wahlen wird es publik. Da werden die Menschen wirklich für dumm verkauft. Oder die Politik erweckt den Eindruck professioneller Hilflosigkeit.

Busek: Das ärgert mich wahnsinnig! Wir haben alle gewusst, was die Bankenrettung kostet, inklusive Hypo-Alpen-Adria und Kommunalkredit, wir wissen seit vielen Jahren, wie es um die Pensionen steht, wir wissen seit Jahrzehnten, dass die Bildungsfrage beantwortet gehört. Die Migrationsproblematik wird praktisch nicht diskutiert. Die Antworten auf alle diese großen Themen ist uns die Politik schuldig geblieben.

***

Pelinka: Ich möchte gerne auf das Thema Bildung näher eingehen. Ich habe da ein Beispiel, das ich gerne erzähle: Käme jemand vom Mars zu uns, und würde dieser Beobachter aus dem All die Daten studieren, welche die österreichische Gesellschaft und Politik charakterisieren, und zu anderen Ländern in Vergleich setzen. Was würde dieser unvoreingenommene Beobachter herausfinden? Gemessen an der ökonomischen Kapazität des Landes funktioniert das österreichische Bildungssystem erstaunlich schlecht. Das kann man bei der OECD nachlesen. Wir müssten mehr Absolventen höherer Schulen haben, bei PISA müssten wir besser abschneiden, kurzum: Österreich ist *underperforming*. Finnland, Südkorea sind immer ganz oben – warum nicht Österreich? Und da kommt die Frage nach der Struktur des Bildungssystems hinein. Da ist die Politik gefragt. Wir müssen ja das Rad nicht neu erfinden, die Strukturen existieren ja schon anderswo.

Busek: Zum Beispiel in Finnland.

Pelinka: Zum Beispiel in Finnland. Generell können wir uns Länder ansehen, deren ökonomische Voraussetzungen ähnlich zu Österreich sind. Wenn in einem anderen Land die *Chancengleichheit* einen hohen Wert hat, um auf unsere Werte-Diskussion zurückzukommen, sodass jeder Mensch die ungefähr gleiche Chance haben soll, sein Leben so zu gestalten wie er es will, dann stellt sich die Frage, warum schaffen die Österreicher weniger höhere Schulabschlüsse? Österreichische Kinder sind ja nicht grundsätzlich dümmer als finnische Kinder. Die Antwort kennen wir längst. Trotzdem ist die Politik nicht in der Lage, die bekannte Lösung umzusetzen. Erstens: Eine gemeinsame Schule von 10- bis 14-Jährigen, wie immer man die nennen mag: Gesamtschule oder anders. Zweitens: Eine gemeinsame Lehreraus- und -fortbildung, die bei uns aus historischen Gründen zerklüftet ist. Drittens: An den Universitäten ein System zu schaffen, dass die Studenten auch bis zum Ende studieren. Heute ist es so, dass viele es an die Uni schaffen, aber das Studium nicht fertig machen. Das ist eine Folge dessen, dass wir unter der Fiktion der Freiheit ein Dschungelsystem haben, in dem sich tatsächlich nur diejenigen durchsetzen, deren Eltern 5000 Bücher daheim herumstehen haben. Und wer aus einer Familie kommt, dessen Eltern keinen höheren Schulabschluss haben, geht verloren. Wir haben also unter dem Stichwort der Freiheit eine ziemliche Unfreiheit und Ungleichheit. Und dafür sind die beiden derzeit regierenden Parteien – ÖVP und SPÖ – verantwortlich, weil sie nicht in der Lage sind, ihre Veto-Gruppen in die Pflicht zu nehmen. Gerade die SPÖ hätte jeden Grund, die Fiktion des freien Zugangs zur Universität aufzugeben, weil dieser einer der Gründe für das Versagen des Bildungssystems ist. Eine schlechte universitäre Ausbildung wirkt ja auf das Niveau der Lehrer zurück und somit auf die Schüler. Und die ÖVP hätte jeden Grund, ihr Festhalten am gegenwärtigen Schulsystem aufzugeben. Es gibt übrigens die schöne Formel der ehemaligen Unterrichtsministerin Claudia Schmied: *Gymnasien für alle.* So könnte für alle nach der neunten Schulstufe entschieden werden, ob sie das Gymnasium weiterbesuchen sollen oder nicht.

Busek: Da haben wir's schon! Ich bin anderer Meinung!

Pelinka: Ehrlich? Das ist das erste Mal in unserem Gespräch.

Busek: Bei genauerem Hinsehen kann man die Zahlen, etwa mit Finnland, nicht einfach vergleichen. Wo es wirklich schlecht aussieht, ist bei der Qualität. Was mich am meisten alarmiert, sind die 25 Prozent der Absolventen der 1. Schulstufe, die nicht lesen, schreiben und rechnen können. Da geht es gar nicht um die Gesamtschule. Das hat mit der Lehrerbildung zu tun, und da bin ich völlig deiner Meinung. Derzeit fürchte ich, dass die Art und Weise, wie über die Gesamtschule diskutiert wird, zur Belebung des Privatschulwesens führen wird. Und dann wird es wirklich diskriminierend: Wer es sich leisten kann, geht dorthin. Das haben wir tendenziell schon! Wir haben die Kinder von Politikern, die für die Gesamtschule eintreten, auf Privatschulen.

Pelinka: Der ehemalige SPÖ-Bundeskanzler Alfred Gusenbauer.

Busek: Wir müssen an der Qualität arbeiten! Der Lehrerberuf ist, glaube ich, der letzte Beruf, wo man sagt: Einmal Lehrer, immer Lehrer. Es gibt keine Möglichkeit später hineinzukommen oder früher hinaus. Ich war sieben Jahre lang

Rektor einer Fachhochschule, zwei Drittel unserer Lehrer waren aus der Praxis kommend oder gleichzeitig noch in der Praxis tätig, die hatten bei den Studenten die höchste Attraktivität, währenddessen die pragmatisierte Stammmannschaft eher problematisch war. Ausnahmen bestätigen die Regel, aber grob gesprochen, waren diese nicht in der Lage, den neuen Herausforderungen richtig zu begegnen. Ich bin daher ein Anhänger einer breiten Zugänglichkeit eines differenzierten Schulsystems, wo man je nach Begabung fördern kann.

Pelinka: Mit Begabung ist es nicht so einfach. Schauen wir uns eine kleine Gruppe – stellvertretend für eine größere Gruppe sozial Schwacher – an: Bauern. Die haben früher ihre Kinder kaum an höhere Schulen oder Universitäten schicken können. Mit einer Ausnahme: zum Theologiestudium. Da hat es aber durch den Dorfpfarrer einen Rekrutierungsprozess gegeben. Der Dorfpfarrer hat geschaut, welche Buben aufgeweckt sind. Und die sind dann bevorzugt ins Knabenseminar der Diözese gekommen. Da wurde durch den Dorfpfarrer gezielt eine Begabtenrekrutierung vorgenommen. Während bei allen anderen Studienrichtungen die Bauernkinder fast keine Chance gehabt haben. Das heißt: das sind soziale und damit auch durch die Politik steuerbare Faktoren, die entscheiden, welcher Mensch überhaupt eine Chance bekommt. Heute fällt eine ganz wichtige Entscheidung fürs Leben, nämlich die Selektionierung fürs höhere Schulsystem, im Alter von zehn Jahren. Und da spielt der soziale Hintergrund des Elternhauses noch immer eine sehr starke Rolle.

Busek: Das glaube ich so nicht. Eine entscheidende Schulreform war, dass in jede Bezirkshauptstadt eine höhere Schule kam. Dadurch wurden die Bauern integriert. Bei den Arbeitern, deren Zahl in der Gesellschaft sinkend ist, muss man schauen, wo die Hemmschwellen liegen. Die Gesamtschule wird diese Problematik sicher nicht lösen. Die Hauptfrage ist für mich die Lehreraus- und -weiterbildung. Und das Berufsbild! Wenn ich mir im Fernsehen die Diskussionen anschaue, wo die Lehrer ihr Leid klagen, kann ich nur sagen: Das ist eine geschützte Werkstätte! Ich möchte anderen Berufsgruppen wünschen, dass sie so wenig leiden wie Lehrer.

***

Busek: Ganz abgesehen von der Bildungsproblematik muss ich feststellen: Die politischen Parteien haben keine hinreichende Sensibilität für die gesellschaftlichen Entwicklungen. Es gibt in den Parteien keine interne Auseinandersetzung. In den Parteien wird von den Mitgliedern verlangt: Ruhe bewahren, Konflikte vermeiden, keine dummen Fragen stellen ...

Pelinka: Da gibt es ja den Spruch: „Hände falten, Goschn halten."

Busek: Richtig. Diese Einstellung spielt in Parteien eine große Rolle. Wenn man Fragen stellt, wird das nicht positiv bewertet. Von Bürgermeister Leopold Gratz gibt es ein berühmtes Plakat, das auch innerhalb von Parteien gilt. Der Spruch lautete sinngemäß „Keine dummen Fragen stellen!"

Pelinka: War das nicht eine Karikatur von Manfred Deix?

Busek: Nein, das Plakat hat es wirklich gegeben.

Pelinka: Herrje, das ist ja noch schlimmer, als ich gedacht habe.

Busek: Die Wiener ÖVP hatte damals Volksbefragungen gemacht, über Themen in den Bezirken: Vorortelinie, Steinhofgründe usw. Und dann ist dieses Plakat gekommen. Erst daraufhin hat es diese Deix-Karikatur gegeben.

Pelinka: Ich erinnere mich. Darauf standen ein paar SPÖ-Granden beisammen und haben gefragt: „Was können wir noch sagen?" Darunter stand die Antwort: „Halt's die Goschn!"

Busek: Das war tief. Und so läuft es auch in den Parteien. Wenn man Dinge in Frage stellt und diskutiert haben will, gilt man als Beunruhigungsfaktor. Man gefährdet die nächste Lokalwahl oder so ähnlich.

Pelinka: Da wird Solidarität eingefordert.

Busek: So ist es. Erstens, hinter dem Parteiobmann zu stehen. Zweitens, hinter der Parteilinie zu stehen. Drittens, hinter irgendetwas stehen … das ist eine politische Dauerbeschäftigung. Ich fürchte, dass wir generell in der österreichischen Zivilgesellschaft kein allzu hohes Maß an Diskussion haben. Das sieht man allein an den Diskussionssendungen im deutschen Fernsehen: Die sind um Äonen besser als bei uns.

Pelinka: Die Rhetorik eines Helmut Schmidt, der schon über 90 ist, finde ich beeindruckend. Das sieht man schon bei den Studenten. Ich war zweieinhalb Jahre Professor

in Deutschland und meine Erfahrung ist: Der durchschnittliche österreichische Student kann sich, obwohl er
zu einem Thema viel weiß, nur schlecht artikulieren. Der
durchschnittliche deutsche Student kann, selbst wenn er
von einem Thema keine Ahnung hat, sich dazu gut ausdrü-
cken. Was ich damit sagen will: In Österreich gibt es keine
Tradition zu einem öffentlichen Diskurs.

Busek: Bei dem Thema Diskurs kommen auch die Medien
ins Spiel. Insbesondere bei den Printmedien verkommt die
Berichterstattung zum „Sager": Ein Satz, eine Überschrift –
das war's. Ich erlebe das mit Journalisten mehr denn je, dass
die sagen: „Ich brauch' an Sager von Ihnen" oder „Sie sind
eh gegen dieses oder jenes". Das heißt, es wird eigentlich
die Meinung schon vorweggenommen, die man haben soll,
dann kommt man in die Zeitung.

Pelinka: Ich sage dazu immer: Bitte schaut euch den britischen Boulevard an, der ist noch schlimmer.

Busek: Das ist kein Trost. Was ich mir wünsche, ist, dass es
in meinem Land, wo ich einen Beitrag leisten kann, besser
wird. Es ist in Österreich auch so, jetzt unabhängig von den
Medien, insbesondere in der Politik, dass man nicht in der
Lage ist, Persönliches von Sachlichem zu trennen. Bei uns
gilt teilweise noch immer: Wenn jemand etwas kritisch in
einer Sache sagt, dann ist er gegen eine bestimmte Person.
Und sobald Kritik personalisiert wird, wird es schwierig.

Pelinka: Aber es wird besser werden. Jetzt haben wir mit
den Grünen und den Neos zwei Parteien im Nationalrat,
deren Vertreter auch intellektuell nachvollziehbare und

interessante Sätze von sich geben können. Das heißt, es wird mit der Gesprächskultur aufwärts gehen.

Busek: Es ist natürlich in jedem Parlament so, dass man die Dinge zu einem Entweder-Oder vereinfacht.

Pelinka: Das schon. Ich habe trotzdem bei den NEOS im Nationalrat den Eindruck, dass sie jetzt nicht sagen: *Wir sind in der Opposition, und daher finden wir alles, was von der Regierung kommt, ist Mist!* Ich hoffe, dass sie das auch weiterhin nicht machen werden, sondern sagen: *Das ist interessant, darüber können wir reden usw.* Wir werden sehen.

Busek: Wenn ich auf die anfängliche Frage zurückkomme, möchte ich sagen, wir haben in Österreich bestimmte Entwicklungen nicht mitgemacht. Bis zum Jahr 1989 würde ich dem Land gute Noten geben, nach dem Beitritt zur Europäischen Union 1994 haben wir es verabsäumt, uns zu positionieren. Damit meine ich die zwei Aspekte: Was ist Österreichs Beitrag zur EU? Und, was bedeutet der Beitritt zur Europäischen Union für unsere weitere Entwicklung? Wirtschaftlich haben wir aus dem Beitritt und der Erweiterung der EU viel gemacht. Ich bin überzeugt, dass damit unser jetziger Wohlstand zusammenhängt. Aber konzeptmäßig hat die Politik zu wenig gemacht. Wir waren froh, dass wir in der EU drinnen waren, und dann haben wir nach dem Motto *business as usual* weitergewurstelt.

Pelinka: Dazu fällt mir etwas überaus Bemerkenswertes ein: Im Jahr 1989 hat die österreichische Regierung etwas getan, was nicht von der Mehrheit der öffentlichen Meinung gedeckt war. Der Diskurs über den EU-Beitritt war 1989 unter der Regierung von Franz Vranitzky und Alois Mock schon zwei Jahre lang in Gange. Aber die Mehrheit der Österreicher wollte nicht in die EU. Daraufhin hat diese Regierung mit einer Kampagne erreicht, dass im Jahr 1994 zum Beitrittsvertrag 66 Prozent der Stimmberechtigten „Ja" sagten. Diese Regierung hat also buchstäblich *regiert*, sie hat nicht ängstlich geschaut, was sagt die letzte Meinungsumfrage oder was sagt der Kolumnist der Kronen Zeitung, sondern die Regierung hat gesagt: Wir haben eine Politik und wir versuchen die Öffentlichkeit dafür zu gewinnen.

Busek: Leider hat die Politik aus diesem Erfolgsrezept nichts gelernt.

Pelinka: Wenn man ein Buch über die Geschichte Österreichs nach 1945 schreibt, wird man sagen, die drei großen Einschnitte waren: 1945, die Befreiung des Landes, 1955, der Staatsvertrag und 1994, der Beitritt zur EU. Wobei man sagen muss, 1955 hat Österreich geschickt die damalige weltpolitische Konstellation genutzt: Josef Stalin war gestorben, in den USA war mit Dwight D. Eisenhower ein neuer Präsident an die Macht gekommen, und das hat Österreich geschickt genutzt: Ein „Window of Opportunity", das die Weltpolitik dem Land geöffnet hat. Aber 1994 wurde der EU-Beitritt vor allem durch österreichische Anstrengungen erreicht. Und davon ist nichts übrig geblieben.

Busek: Ich rechne es Franz Vranitzky hoch an, dass er die beträchtlichen Widerstände in der SPÖ zu einem EU-Beitritt überwunden hat. Insbesondere auf Seiten der Arbeiterkammer und Gewerkschaft; wobei die Arbeiterkammer für uns schwieriger war, weil man dort Bedenken in Hinblick auf Arbeitsplätze, Wettbewerbsfähigkeit etc. hatte. In meiner Partei hatte ich eine leichtere Situation, es gab nur wenige Stimmen, die meinten: Das wäre der Anschluss an Deutschland. Wenn wir uns die Lage heute anschauen: Das Gegenteil ist der Fall.

Pelinka: Der Beitritt zur EU ha ja eine ganze Menge von Reformen in Österreich zunächst beschleunigt.

Busek: Das ist richtig. Wir hatten lange Zeit bei jeder Gesetzesvorlage der Regierung im Parlament unten ein Kapitel angefügt, wo stand: Was ist wegen des EU-Beitritts zu bedenken oder zu ändern. Diese Analysen wurden von der Politik nicht fortgesetzt. Da beginnt der Reformstau schon in der Regierung Vranitzky. Verwaltungsreform, Pensionsreform und die Umsetzung der Resultate des Verfassungskonvents. Österreich hat keinerlei Beitrag zur Weiterentwicklung der EU in unseren Diskussionsbeiträgen geleistet.

Pelinka: Im Gegenteil, wir haben durch die Aussagen von Bundeskanzler Wolfgang Schüssel sogar einen Behinderungsbeitrag geleistet, als er um 2003 gemeint hat: „Bei einem Beitritt der Türkei muss eine Volksabstimmung in Österreich stattfinden." Damit widersprach er nicht nur seinen früheren Äußerungen bezüglich der Erweiterung von 2004, er baute auch bewusst eine fast unbezwingbare Hürde für den Türkei-Beitritt auf. Ich ahne zwar warum, weil er den Beitritt von Ungarn, Polen und den anderen Ländern beschleunigen und den Widerstand seines Koalitionspartners FPÖ überwinden wollte, es ist aber eine sehr widersprüchliche Haltung. Und wenn ich um weitere zehn Jahre zurückgehe, zum Jahr 1994, dann finde ich es sehr schade, dass die Regierungsparteien dieses Rezept, aktiv zu regieren und anstatt nur zu reagieren, also unabhängig vom Ist-Stand der öffentlichen Meinung an einer Veränderung eben dieser Meinung zu arbeiten, nicht weiter angewandt haben. Die politischen Lager wären trotzdem langfristig zerbröselt, aber man hätte mit diesem Regierungsstil Entscheidungen herbeiführen können, die von der breiten Masse für vernünftig gehalten worden wären. Wichtige Entscheidungen, ich erwähne wieder Bildung und Migration, werden aus Angst nicht getroffen, obwohl die Politiker wissen, dass das brennende Probleme sind, aber – und dann wird aufgezählt: Die Kronen Zeitung ist dagegen, die letzte Meinungsumfrage passt nicht, demnächst sind Gemeinderatswahlen in Oberösterreich usw. Schlussfolgerung: Das können wir uns nicht leisten.

Busek: Das kann ich dir aus meiner eigenen Erfahrung nur bestätigen. 1994 war die Nationalratswahl, der EU-Beitritt formal eigentlich schon vollzogen, ich selbst bin im Mai 1995 als Bundesparteiobmann abgelöst worden.

Pelinka: Du warst doch der erste ÖVP-Parteiobmann, der sein Wahlziel, den Abstand zur SPÖ zu verringern, erreicht hat. Die SPÖ unter Franz Vranitzky hat mehr verloren als du.

Busek: Mir ist in der Partei etwas anderes vorgeworfen worden: Nach der Wahl kam natürlich sofort die Frage „Mit wem gehen Sie in Koalition?" Und meine Antwort lautete: „Mit der SPÖ, ohne Wenn und Aber." Der Grund dafür war, dass die FPÖ für mich unerträglich war; meine wörtliche Formulierung hat gelautet: „Mit der FPÖ ist kein Staat zu machen." Das war eine ehrliche Antwort, aber man hat sie mir innerparteilich vorgehalten, weil es unter dem Motto *Immer die Zweiten* schon rumort hatte.

Pelinka: Dann bist du abgesägt worden.

Busek: Ja, wobei die innerparteiliche Diskussion um meine Position nie in einem Parteigremium geführt wurde, sondern da wurde in den Landesorganisationen gesägt. In der Steiermark hat Gerhard Hirschmann begonnen, mit dem Freiheitlichen Haider zu kokettieren, auch die Vorarlberger haben das getan, und so kam die Forderung: „Wir müssen wieder Erste werden!" Den ÖVP-Oberen, den Landeshauptleuten, war klar: Mit Busek geht das nicht. Aber man hatte keinen Nachfolger.

Pelinka: Wolfgang Schüssel war nicht ihre Wahl.

Busek: Nein. Den habe ich vorgeschlagen und habe mühselig die nötigen acht Stimmen von 15 für ihn rekrutiert; das Wahlgremium der ÖVP hat fünfzehn Stimmen, und die Acht haben ihn auch gewählt.

Pelinka: Und Erwin Pröll, den damals relativ neuen Landeshauptmann von Niederösterreich, hast du anrennen lassen.

Busek: Pröll wollte Professor Johannes Hengstschläger als neuen Parteiobmann aus dem Hut zaubern. Er hatte dem Hengstschläger das schon zugesagt. Und er ist im Cafe Landtmann gesessen und hat auf den Anruf gewartet.

Pelinka: Aber der ist nie gekommen. Parteiobmann wurde Wolfgang Schüssel, den du – vorbei an Erwin Pröll und anderen Parteigranden – an die Parteispitze gebracht und in diesem Sinne gemacht hast.

Busek: Wolfgang Schüssel war zu mir sehr loyal und ein sehr guter Freund. Bis zu meinem Amtsabtritt. Er war drei Mal mein Nachfolger: Im ÖVP-Klub, als Generalsekretär des Wirtschaftsbundes und als Parteiobmann.

Pelinka: Immer mit deiner Weichenstellung. Und dann, als Parteiobmann, brauchte Schüssel dich nicht mehr.

Busek: Und dann *zack*! Aus war es mit der Freundschaft.

Pelinka: Das ist ein schönes Beispiel für Machiavelli. Irgendwo steht im *Il Principe*: „Wem du ein Amt verdankst, den musst du vernichten." Politisch gemeint, nicht physisch. Wolfgang Schüssel war das offensichtlich völlig klar, was zu tun ist.

Busek: Gescheitert bin ich eigentlich an der Frage: Was mache ich weiter? Ich habe rasch begriffen: Wenn einer Parteiobmann oder Regierungsmitglied war, will niemand mehr mit ihm etwas zu tun haben. Das ist wie die Inkubationszeit eines Krankheitserregers. Ich bin nach einiger Zeit zu Wolfgang Schüssel gegangen und habe gesagt: „Wenn ihr für mich nichts zu tun habt, dann gehe ich." Und was hat er geantwortet? „Geh' so, dass der Michl Graf nicht nachkommt." Er hat sich also nicht einmal an das parteiintern übliche Protokoll gehalten, dass man aus Freundlichkeit sagt: Geh, bleib doch, du bist so wichtig usw.

Pelinka: Das macht Sinn. Siehe oben – Machiavelli.

Busek: Er hat mich jedenfalls ohne Streicheleinheiten entsorgt. Heute bin ich dafür dankbar.

Pelinka: Ich bin ein Machiavelli-Fan. Niccolò Machiavelli war der erste Politologe. Er sah seine Aufgabe darin, Politik nicht normativ einzufordern, sondern zu beschreiben, wie sie ist. Und deswegen tut er allen weh, die sein Buch lesen. So ist der Begriff Machiavellismus ein Schimpfwort geworden. Aber er beschreibt die Situationen richtig – wie man an dir sieht. Ob das gut oder schlecht war, wie Schüssel dich behandelt hat, ist nicht wichtig. Wichtig war es, aus der Sicht Schüssels, dich als möglichen Katalysator innerparteilicher Opposition zu verhindern.

Busek: Interessant ist, wie es weitergegangen ist. Wolfgang Schüssel hat also als Parteiobmann die ÖVP 1995 übernommen und die Koalition mit der SPÖ unter Franz Vranitzky ein paar Monate später beendet. Schüssel wollte natürlich ein besseres Ergebnis erzielen als ich – und das hieß Neuwahlen.

Pelinka: Aber er hat nicht besser abgeschnitten.

Busek: Nein, er hat genau dasselbe Ergebnis wie ich erzielt: Auf den Prozentpunkt. Das war also kein Erfolg. Und ab diesem Zeitpunkt sind jene Vertreter in der ÖVP stärker geworden, die nach einer Alternative suchten. Und diese Alternative war später die FPÖ in der Regierung.

Pelinka: Ich möchte einen Punkt anfügen. Die nächste Wahl, das war im Jahr 1999, hat zum schlechtesten Wahlergebnis geführt, das die ÖVP bis dahin in der Geschichte einfahren musste. Eigentlich war der Schüssel damit reif für einen Sturz. Seine einzige Option als Politiker zu überleben, war es, Kanzler zu werden. Da ist es gar nicht um irgendwelche Ideologien gegangen.

Busek: Nein. Der wäre sonst weg gewesen!

Pelinka: Und das ging in diesem Fall nur mit Jörg Haider.

Busek: Das habe ich verstanden. Die Lage muss man sich so vorstellen: Mit dem Viktor Klima, der ja Vranitzky zwei Jahre zuvor als SPÖ-Chef und Kanzler abgelöst hatte, war nichts zu machen. Ich habe den Klima aus früherer Zusammenarbeit gut gekannt, und das war aussichtslos. Ich habe später mal den Franz Vranitzky gefragt, warum er 1997 Klima zu seinem Nachfolger gemacht hat, und die relativ offene Antwort lautete: Er sei sich rückblickend im Klaren, dass das ein Fehler gewesen sei, aber das habe bei ihm emotionale Gründe gehabt. Der Grund war: Bei einer SPÖ-Klubklausur hatte Klima mehr Applaus von den Zuhörern bekommen als Vranitzky. Und dann hat der Vranitzky gesagt: „Da hatte ich das Gefühl, meine Zeit ist aus. Dann soll er es gleich ganz machen." Und so ist diese Situation entstanden: Vranitzky tritt 1997 als SPÖ-Obmann und Bundeskanzler zurück, diese Funktionen werden von Viktor Klima übernommen. Bei der ÖVP weiß der Wolfgang Schüssel: Er selbst wird politisch nur überleben, wenn er Bundeskanzler wird, aber mit Viktor Klima geht das nicht. Die ÖVP wäre nämlich schon Dritte in der Wählergunst.

Pelinka: So kommt die FPÖ ins Spiel.

Busek: Rückblickend war die Rolle des Viktor Klima schrecklich. Es gab Anfang 2000 in Stockholm einen Antisemitismus-Kongress, da hat ihn der deutsche Kanzler Gerhard Schröder angeschrien: „Wir sind doch Sozialdemokraten, wir müssen dagegen etwas tun!"

Pelinka: Gegen die FPÖ in der Regierung.

Busek: Ja. Die haben sich angeschrien bis sie geheult haben – das hat mir der Botschafter Michael Steiner persönlich erzählt, damals einer der engsten Berater von Gerhard Schröder. So sind die Sanktionen gegen Österreich entstanden. Der Steiner wurde damit beauftragt, die Sanktionen zu erfinden, der ist ja gelernter Botschafter.

Pelinka: Daraus wurde eine patriotische Welle, die Schüssel politisch geholfen hat.

Busek: Bei den Österreichern kam halt das Gefühl auf: *Schon wieder sind alle gegen uns.*

Pelinka: Das Motiv, warum man diese Maßnahmen gegen Österreichs Regierung gesetzt hatte, war ja eigentlich, die Koalition mit Jörg Haider zu verhindern. Viktor Klima war nach Stockholm gekommen und hat gesagt: „Die Zeit drängt. Passt' auf, demnächst gibt es eine ÖVP-FPÖ-Regierung." Und die Regierungschefs haben sozusagen aus dem Handgelenk heraus eine Lösung zusammengebastelt. Aber was man macht, wenn diese Strategie nicht aufgeht, das hat sich keiner überlegt. Damit hat man sich sozusagen selbst gefangen.

Busek: Das war alles idiotisch!

Pelinka: Aber für Österreich war das sicher ein wichtiges Lernerlebnis: Nämlich dass die Welt Österreich anders wahrnimmt, als Österreich sich selbst wahrnimmt.

Busek: Da stimme ich dir für Österreich zu. Aber nicht für die EU. Wir haben zwischenzeitlich in Europa mehrere Regierungen gehabt, wo man auch etwas hätte tun müssen, aber geschehen ist nichts. Das gilt für einige Berlusconi-Facetten, für Orbán usw.

Pelinka: Aber die EU ist seit den sogenannten „Sanktionen gegen Österreich" doch eine andere geworden. Aus der Gemeinschaft der 15 ist inzwischen eine Gemeinschaft der 28 geworden. Hinzu kommt, dass man eine Partei, die außerhalb des europäischen Mainstreams ist, wie die FPÖ, der noch dazu ein Nazi-Geruch anhaftet, schlimmer findet, als eine Partei wie Berlusconis Forza Italia, die immerhin in der Europäischen Volkspartei ist.

Busek: Hier liegt übrigens der Grundstein für die Freundschaft zwischen Orbán und Schüssel, was erklärt, warum Wolfgang Schüssel bis heute dem Vikor Orbán die Stange hält.

Pelinka: Damals haben die EU-Beitrittskandidaten Tschechische Republik, Polen und Slowenien die „Sanktionen" mitgetragen, nicht aber Ungarn unter Viktor Orbán.

Busek: Richtig. Und in Holland gab es eine Bewegung, welche die ÖVP aus der Europäischen Volkspartei ausschließen wollte, so etwas ist heute völlig unvorstellbar. Daraufhin hat mich der Wolfgang Schüssel angerufen und gesagt: „Du hast doch gute Beziehungen zu den Östlichen." Die postkommunistischen Regierungen waren zu einem großen Teil Christlichsoziale. „Du musst mir helfen, dass das keine Mehrheit bekommt." Ich habe das auch gemacht. Und dann fragt mich Schüssel: „Was kannst du noch für uns machen?" Meine Antwort war: „Du wirst mit der EU-Erweiterung Schwierigkeiten bekommen. Da kann ich mit meinen Kenntnissen über die Länder hinter dem ehemaligen Eisernen Vorhang helfen." So wurde ich zum EU-Beauftragten für die Erweiterung.

Pelinka: Mit Zustimmung der FPÖ?

Busek: Ja, aber ich musste in den FPÖ-Klub wallfahrten gehen. Da bin ich zum ... na, wie heißt'n der ... der Klubobmann ...

Pelinka: Peter Westenthaler.

Busek: ... zu dem bin ich gegangen. Der hat gesagt: „Wir wissen, dass S'e uns net megn. Sogn'S uns jetzt: Megns uns do'?" Ich habe ihm daraufhin erklärt, was ich mag und was ich nicht mag. Daraufhin war ich unten durch. Bald darauf habe ich der Wiener Zeitung entnommen, dass mir die Regierung diese Funktion entzogen hat.

Pelinka: Das hat man dir nicht persönlich gesagt?

Busek: Die damalige Außenministerin Benita Ferrero-Waldner hat das auf Weisung gemacht.

Pelinka: Na ja, es ist eine Frage des Stils.

Busek: Ich muss aber zugunsten der Ferrero sagen, sie hat sich dafür stark eingesetzt, dass ich 2001 zum EU-Sonderkoordinator des Stabilitätspakts für Südosteuropa ernannt wurde. Das war ein Instrument der EU, um die Balkanländer zu unterstützen; Ziel war es, den Weg dieser Länder in die EU und die regionale Kooperation zu fördern.

Pelinka: Das hast du sieben Jahre lang gemacht, glaube ich.

Busek: Sieben Jahre. Büro in Brüssel, Leben im Flugzeug. Die Ernennung zum EU-Koordinator ist auch so eine herrliche Geschichte. Die Entscheidung fiel anlässlich eines EU-Südamerika-Gipfeltreffens. Zur Auswahl standen ich und Bodo Hombach, ein SPD-Politiker und Freund von Schröder. Und da wurde Ferrero-Waldner ganz entsetzlich von Schröder angebrüllt: *Was sie sich denn einbilde, das würden die Deutschen vergeben usw.* Das war Großkotzigkeit! Witzig an der Geschichte ist, dass der Schröder seinem Außenminister Joschka Fischer die Weisung gab, gegen mich zu stimmen. Aber Joschka und ich kannten einander, und er war für mich, und bei der Abstimmung hat er sich aufs Klo verabschiedet.

Pelinka: Das muss am Namen liegen! Joschka Fischer. Heinz Fischer. Dieser wird ja auch immer mit der (vielleicht erfundenen) Geschichte konfrontiert, bei den entscheidenden Phasen des Kreisky-Androsch-Konfliktes sei er immer auf der Toilette gewesen. Angesichts der irrationalen Formen, die dieser Konflikt 1980 angenommen hat, war aber Heinz Fischers Verhalten – sich da herauszuhalten – gar nicht so unklug.

Busek: Chris Patton, seines Zeichen der letzte britische Gouverneur Hongkongs und dann EU-Kommissar für die Erweiterung, hat daraufhin gesagt: „Joschka, thanks for your toilet diplomacy." Das war später ein berühmter Ausdruck: „Toiletten-Diplomatie!"

Pelinka: So funktioniert Politik!

***

Pelinka: Ich habe auf meinem Notizblock noch das Stichwort „Korruption" stehen.

Busek: Überraschend kam das, was man jetzt tagtäglich in den Medien liest, für mich nicht. Dass das hochkommt, hat sicher auch mit der Gründung der Korruptionsstaatsanwaltschaft zu tun. Eine gute Sache!

Pelinka: Ohne Zweifel. Aber offensichtlich ist, was sich in den vergangenen Jahren an Korruption aufgetan hat, geht in die Ära Schüssel zurück. Wenngleich ich mir sicher bin, dass Wolfgang Schüssel immer ein integrer Mensch war. Der ganze politische Sumpf, die Korruption – damit hatte er persönlich sicher nichts zu tun. Das ist eher durch seine Art, Politik zu machen, in seinem Umfeld entstanden, durch seine Art nämlich, bei den Freiheitlichen wegzuschauen.

Busek: Glaube ich auch. Aber da muss man sich das Verhältnis zwischen Wolfgang Schüssel und Karl-Heinz Grasser ansehen, das eine Ähnlichkeit mit jenem zwischen Bruno Kreisky und Hannes Androsch hatte.

Pelinka: Eine Vater-Sohn-Beziehung zwischen Bundeskanzler und Finanzminister.

Busek: Grasser war ein strahlender junger Mann, er hat ja
viel heller gestrahlt als Schüssel selbst. Regierungsmitglie-
der aus dieser Zeit sagen mir, dass es fast eine Anbetung in
den Sitzungen war, wenn der Grasser irgendetwas gesagt
hat. Und er hat sich in den Medien gut verkauft!

Pelinka: Ja, ja … die Kronen Zeitung – Grassers Leiborgan.

Busek: *Ein schöner Mann!* Das darf man nicht unterschätzen.

Pelinka: Und Grasser hat auch zum Wahlerfolg im Jahr
2002 beigetragen.

Busek: Bei den anderen Regierungsmitgliedern, die von
der FPÖ oder BZÖ kamen, war er sich über die mangelnde
Qualität nicht im Klaren. Jedenfalls hat er sich nicht in die
Angelegenheiten des Koalitionspartners eingemischt. Das
kann ich mit einem Beispiel schildern: Ich war ja in den
90er Jahren Wissenschaftsminister gewesen, daher wurde
mir von vielen Seiten aus Wissenschaft und Forschung ihr
Leid über die Einflussnahme durch FPÖ und BZÖ geklagt.
Ich habe dann Schüssel auf die schrecklichen Zustände
angesprochen, und seine Antwort lautete: „Irgendeinen
Bereich musst du denen lassen, da mische ich mich nicht
ein, die sollen machen, was sie wollen." Das charakterisiert
den Wolfgang Schüssel sehr schön.

Pelinka: Wegschauen. Darüber hinaus möchte ich anfügen,
dass man die Rolle eines österreichischen Bundeskanzlers

nicht überschätzen darf. Der ist kein Premierminister, sondern nur *primus inter pares.* Er kann nicht direkt in ein Ministerium eingreifen, indirekt kann er das nur, wenn der Minister aus der eigenen Partei stammt und der Kanzler eine hohe innerparteiliche Autorität hat. Eine Koalitionsregierung heißt de facto immer – Nichteinmischung. Was wäre also Schüssel übrig geblieben, außer die Koalition aufzukündigen? Damit hätte er aber wieder seine eigene politische Existenz in Frage gestellt.

Busek: Ja, die haben es recht bunt getrieben.

Pelinka: Bei den Freiheitlichen muss man etwas feststellen, das ich als „Rosenkranz-Dilemma" bezeichne. Barbara Rosenkranz, FPÖ-Bundespräsidentschaftskandidatin, erinnert mich an eine Figur in Karl Kraus' *Die letzten Tage der Menschheit*: Die Cherusker von Krems, in deren Runde Frau Pogatschnigg mit einem Zitat zum äußersten Kriegseinsatz aufruft: „Strickend haben wir das alte Jahr beendet, strickend fangen wir das neue wieder an." Bezüglich dieser Frau Rosenkranz bin ich mir ganz sicher: Die ist nicht korrupt. Das ist eine gläubige, traditionelle Nationalistin, deutschnationaler Prägung. Aber wenn ich den Deutschnationalismus abziehe, was bleibt dann übrig? Und wenn ich nun diesen Gedankengang auf die FPÖ übertrage: Was ist die Substanz der Freiheitlichen Partei, abzüglich der deutschnationalen Ideologie? Da kommt Null heraus! Und mehr als Null kann ich nicht sehen!

Busek: Lauter Abenteurer kommen heraus. Da spielt die Fachhochschule Oberpullendorf eine große Rolle: Gebäudetechnik und Installation. Die sind alle dort in die Schule gegangen. Das muss ein Nest sein. Dort wurde diese Seilschaft begründet.

Pelinka: Das bestätigt jedenfalls, was ich vorhin gesagt habe: Freiheitliche Partei minus Deutschnationalismus ist Null. Da fehlt jede inhaltliche Substanz.

Busek: Ich muss sagen, es gibt heute generell in der Politik eine viel stärkere Selbstbedienungsmentalität. Auf gut Wienerisch gesagt: „Owa vom Kast'n, wos net aufeg'hört." Das war früher nicht so.

Pelinka: Auch in den großen Parteien.

Busek: Auch, ja. Ich bin dreizehn Jahre lang im Wiener Stadtsenat gesessen. Von daher weiß ich: In Wien bekommt alle medizintechnischen Aufträge Siemens. Ich habe oft gedacht, die Stadt Wien ist eine Tochterfirma von Siemens.

Pelinka: Aber schon öffentlich ausgeschrieben?

Busek: Schon. Aber es kriegt alles Siemens. Da geht es dann typischerweise um das Argument Arbeitsplätze. Okay. Aber wenn dann die Finanzstadträtin von Wien nahtlos Generaldirektorin von Siemens Österreich wird ... – sie war zuvor keinen Tag bei Siemens und kommt auch nicht aus dieser Branche – dann macht man sich schon seine Gedanken.

Pelinka: Generell denke ich, wir haben es dabei mit Leuten zu tun, die aus sozial schwächeren Schichten kommen und es nicht gewöhnt sind, über viel Geld zu verfügen. Wenn die plötzlich mit gigantischen Summen hantieren können, sind sie leichter versucht, daran zu denken, ob nicht etwas für sie selbst abfällt. Über diese Anfälligkeit kann man in den österreichischen Medien fast täglich lesen.

Busek: Aus diesem Grund ist es auch für die SPÖ ein größeres Problem als für die ÖVP. Mich fasziniert ja, dass unser Ex-SPÖ-Bundeskanzler Alfred Gusenbauer den Roten Platz geküsst hat und nun ...

Pelinka: ...zentralasiatische Diktatoren berät...

Busek: ... und nun *modo capitalistico* lebt und keinerlei Schmerz hat. Der Philosoph Konrad Paul Liessmann hat vor einiger Zeit Gerhard Schröder und Alfred Gusenbauer zum Philosophicum Lech eingeladen. Das Thema lautete *Macht*. Liessmann hat die beiden mit den Worten vorgestellt: „Ich freue mich hier zwei sozialdemokratische ehemalige Bundeskanzler begrüßen zu dürfen, die immer den Kapitalismus bekämpft haben, was dazu geführt hat, dass sie sich hervorragend darin auskennen und bewegen." Brüllender Applaus vom Publikum!

***

Busek: Die letzten Nationalratswahlen haben signalisiert, dass die Wähler in Bewegung sind. Noch sind es nicht dramatische Veränderungen, aber der Treibsand der Wechselwähler ist zu einer Wanderdüne geworden. Welchen Eindruck hat ein Politikwissenschafter von den vergangenen Wahlen?

Pelinka: Die Freiheitliche Partei ist lange nicht so stark wie sie 1999 war, aber wie sie heute – ohne Frank Stronach –

sein könnte. Man könnte sagen: Real ist die FPÖ heute schon stärker als die ÖVP und steht Kopf-an-Kopf mit der SPÖ. Das war aber alles vorhersehbar. Daher ist das Problem nicht, was man mit dem Wahlergebnis 2013 macht, sondern wie interpretiert man diese Ergebnisse in Hinblick auf die Wahlen im Jahr 2018. Dann wird es nämlich völlig anders sein als heute. Es gibt beispielsweise die „Idee vom koalitionsfreien Raum"; nicht, dass ich diese Idee für ideal halte, aber man sollte zumindest darüber reden. Man muss sich neue Szenarien überlegen. Denn eine Zweiparteien-Regierung wird es nach der nächsten Wahl vermutlich nicht mehr geben bzw. nicht mehr geben können, wegen der De-Konzentration des Parteiensystems. Darüber hinaus gibt es das Angebot der NEOS von einer „Bereichskoalition": Gemeint ist damit, die Bereitschaft einer Oppositionspartei, in bestimmten Bereichen gemeinsam mit den Regierungsparteien die Politik zu bestimmen. Das wäre etwas Neues, und man muss einfach über neue Rezepte nachdenken und darüber reden. Aber die Regierung erweckt den Eindruck, als dächten alle: *Fünf Jahre haben wir eh noch Zeit.* Und das ist die denkbar schlechteste Antwort auf die Herausforderungen der Zukunft.

Busek: Nach den vergangenen Wahlen waren die Ankündigungen: *Es muss formidable Veränderungen geben. Wir haben die Botschaft verstanden* usw. Geschehen ist nichts. Und wenn ich noch weiter zurückblicke und mir die Wahlkampfthemen anschaue, dann wurden die wirklich wichtigen Fragen nicht behandelt: Europa ist nicht vorgekommen. Die Bildungsfrage wurde oberflächlich und populistisch geführt. Migration, Verwaltungsreform, Wissenschaft und Forschung waren kein Thema. Zur wichtigen Pensionsreform wurde nichts gesagt, außer dass die Pensionen sicher sind usw. Ich bin mir daher sicher, dass die beiden Parteien in Zukunft miteinander keine parlamentarische Mehrheit mehr bekommen werden.

Pelinka: Das ist fast sicher, und angesichts der historischen Verdienste von SPÖ und ÖVP, auch angesichts der ungewissen Alternativen, sage ich das auch mit Bedauern.

Busek: Es gibt hinter den Linien der ÖVP die Meinung, dass die Koalition keine fünf Jahre halten wird; ich weiß auch, dass es von Einigen Bemühungen gibt, eine Koalition aus ÖVP, FPÖ, NEOS zustande zu bringen, dieser Gedanke geistert so wie 1999, dass es eine andere Konstellation braucht, durch die ÖVP. Ich hoffe, die NEOS verweigern sich auch weiterhin. Was die SPÖ denkt, weiß ich nicht, aber die Kombinationsmöglichkeiten sind auch nur beschränkt. Es wird also in Zukunft ein offenes Spiel werden. Ich persönlich glaube, dass sie bei der vergangenen Wahl besser davongekommen sind, als absehbar war. Ich fürchte, dass die Großparteien an einem Wirklichkeitsverlust leiden.

Pelinka: Ich gehe davon aus, dass es in einer Demokratie ein Eigeninteresse der Politik und Politiker gibt, gewählt zu werden. Das ist eine Art *rational choice theory*. Das heißt aber auch, wenn wir von der Politik etwas anderes erwarten, als das, was sie tut, dann muss man das entsprechend artikulieren und die Politik wird aus purem Eigeninteresse aufspringen. Politik ist ja ungeheuer zeitgeistig, wenn sie demokratisch funktioniert, wenn sie das nicht tut, wird sie abgestraft. Das Problem, das ich sehe, ist, dass die Botschaften der Zeitgeistigkeit voll Widersprüche und Uneindeutigkeit sind. Die Politiker erhalten die Botschaft: Geht's nach links und nach rechts zur gleichen Zeit. Die sind daher ratlos und gelähmt. Ich gebe ein Beispiel für eine nicht-eindeutige zeitgeistige Botschaft: *Seid offener und macht's die Türen zu.* Davon ist die Politik maßlos überfordert.

Busek: Na ja, überfordert – da möchte ich aber schon fest-halten, dass wir es beim Thema Migration mit Menschen zu tun haben und daher die Menschenwürde und Menschen-rechte beachtet werden müssen. Die Frage an die Politik ist, ob sie bereit ist, diesen Herausforderungen zu begegnen – wenn es sein muss, wider den „Zeitgeist". Da ist die Politik viel stärker gefordert.

Pelinka: Dem möchte ich gerne zustimmen. Die Frage ist, was macht ein Politiker, der wider den Zeitgeist dem Men-schenrecht folgt und dann die nächsten Wahlen verliert?

Busek: Da gibt es diesen berühmten Satz: *Man muss zuerst die Wahl verlieren, aber dann weiß man, dass man Recht hatte.* Das ist insofern falsch, als man Wahlen nur einmal verliert. Das muss man ganz nüchtern sehen. Es ist vielmehr eine Frage der Artikulation, wie man den Menschen etwas klar macht. Es gibt zu jedem Thema, auch wenn es wider den Zeitgeist ist, bei Menschen Berührungspunkte, und die gehören herausgearbeitet und kommuniziert. Dann kennt jeder so ein Beispiel aus der eigenen Familie.

Pelinka: Die Oma hat das erlebt.

Busek: Genau so ist es! Wenn man in Österreich über Migration redet, muss man sagen, vom Ötzi stammen unmittelbar nur wenige ab. Aber ein großer Teil der Österreicher hat seine familiären Wurzeln in Tschechien, Polen, der Ukraine, dem Balkan, wo immer. Zugewandert ist die Oma, und das muss man kommunizieren, dafür braucht man sich nicht zu genieren. Es gibt immer eine ungeheure Ängstlichkeit, die Herkunft des eigenen Namens zu nennen, ja manchmal werden sie willkürlich umgeschrieben, zum Beispiel Herdlitschka statt Hrdlicka!

Pelinka: Hier möchte ich wieder auf unser schon früher besprochenes Beispiel der Regierung Franz Vranitzkay und Alois Mock zurückkommen. 1989 war die Mehrheitsmeinung in diesem Land: Wir wollen nicht der EU beitreten. Und diese Regierung hat dann aktiv regiert und eine Haltung in der Bevölkerung verankert, die zum Beitritt in die Europäische Union geführt hat.

Busek: Das ist ein ganz wichtiger Punkt! Die handelnden Politiker müssen normative Vorstellungen haben, jedenfalls nach innen, innerhalb der Partei: *Das wollen wir erreichen.* Und dann darf man nicht – mit schielendem Blick auf die Meinungsforscher – sagen: Das wollen wir nicht. Sondern: Wie komme ich dorthin? Und das muss man als Politiker der Bevölkerung mitteilen und gegebenenfalls in eine Sprache übersetzen, die die Leute verstehen.

Pelinka: Es ist halt ein Balance-Akt, dass man hier Ziele formuliert, die man dann vielleicht nicht durchbringt, und dann erreicht man gar nichts. Daher setzt ein Prozess ein, der eine gewisse Versuchung ist, nur einen Teil der Ziele umzusetzen.

Busek: Das ist das Problem der Beliebigkeit, die Fahne im Wind – *schauen wir, woher das Lüfterl heute weht!* Das ist leider ein ganz wichtiger Faktor in der Politik geworden.

Pelinka: Für mich ist der Christian Broda ein interessantes Beispiel. Broda war in den 1960er und nochmals in den 70er Jahren bis 1983 Justizminister, und er hatte die Vision einer gefängnisfreien Gesellschaft. Er war völlig berechtigt der Ansicht: Gefängnisse sind die wichtigsten Brutstätten für Kriminalität. Das heißt, wenn man etwas gegen Kriminalität tun will, muss man die Gefängnisse abschaffen. Gleichzeitig sagte er: „Wenn ich das in unser Wahlprogramm hineinschreibe, sind wir weg." So hat er sich mit einem Teil der Reformen begnügt, zum Beispiel hat er ein neues Strafrecht eingeführt, die lebenslange Strafe reduziert, hat versucht, für Haftentlassene Resozialisierungsprogramme zu entwickeln usw. Er wusste, er muss sein eigentliches Ziel, nämlich Gefängnisse ganz abzuschaffen, aufschieben, bis die Gesellschaft so weit ist. Er hat gesagt: „Wenn ich der Gesellschaft zu weit vorauseile, kann ich gar nichts durchsetzen." Das halte ich, unabhängig von diesem Beispiel von Christian Broda, für ein plausibles Konzept, wie man in einer Demokratie damit umgeht, dass man das, was man selbst für richtig hält, nicht an der Gesellschaft vorbei erzwingen kann. Man muss also festhalten: Halbherzigkeit ist Teil der Demokratie.

Busek: Na ja, … „Halbherzigkeit"? Meine Sorge ist, dass wir im wirtschaftlichen Ranking verlieren werden. Davon dürfte die FPÖ profitieren, was in meinen Augen schrecklich ist, aber ich sehe auch keine Alternativen. Es kommt also eine spannende Zeit.

Pelinka: Wirst du eigentlich noch von der ÖVP konsultiert?

Busek: Gar nicht. Ich bin die warnende Stimme von außen! Aber man redet ja kaum noch miteinander und man fragt schon gar nicht andere, erfahrene Leute. Das wird durch das Auftreten von Meinungsforschern ersetzt, die immer alles schon im Vorhinein wissen – eine schreckliche Entwicklung …

Pelinka: Jetzt sind sie sogar in der Regierung.

Busek: Die politische Landschaft ändert sich. Aber in Summe möchte ich sagen: Österreich hat sich in den vergangenen Jahrzehnten ganz entscheidend verändert. Mehrheitlich zum Besseren.

Globale Betrachtungen

Pelinka: Im Vorgespräch zu diesem Buch kam vom Verlag die Anregung, dass wir über die zukünftige Rolle der Supermächte reden sollten. Mit Fragen in diese Richtung bin ich häufig konfrontiert. Ich antworte dann immer, dass der Begriff *Supermacht* ein Relikt aus dem Kalten Krieg ist. Den aber gibt es seit mehr als zwei Jahrzehnten nicht mehr.

Busek: Ein wenig ist er geblieben, weil die Amerikaner zunächst mal allein übrig geblieben sind. Aber die haben alles dazugetan, um sich relativ rasch zu reduzieren.

Pelinka: Ja, die USA haben sich übernommen und ihre Grenzen falsch eingeschätzt. Jetzt sind sie ökonomisch nicht in der Lage, diese Rolle der alleinigen Hypermacht auszufüllen. Die Folge ist ein schleichender, sanfter, amerikanischer Isolationismus.

Busek: Militärisch sind sie stark. Sie geben wahnsinnige Summen für das Militär aus. Fast 700 Milliarden US-Dollar, das ist 4,5 % des BIP. Aber sonst sehe ich die Hypermacht nicht?

Pelinka: Präsident Barack Obama hat versucht, die Republikaner budgetär unter Druck zu setzen, als es um die Budgetkürzungen ging. Das Militär wäre der Hauptleidtragende gewesen, hätte man mit der Rasenmäher-Methode das Budget gekürzt. So wollte er die Republikaner unter Druck setzen und zu einem Kompromiss zwingen: Aber die Tea-Party ist auch nicht wirklich am Militär interessiert, und das ist neu. Zum Entsetzen von John McCain, der eigentlich ein klassischer Interventionist ist, sind diese Republikaner bereit zu sagen: „Wozu müssen wir die Weltmachtrolle spielen?" Die sind auch bereit, die alte republikanische Rolle, nämlich das Beharren auf einer überstarken amerikanischen Militärmacht aufs Spiel zu setzen, nur um Barack Obama kleinzukriegen, und vor allem *government*, die Regierung und die öffentliche Verwaltung zu reduzieren. So wie Ronald Reagan einmal gesagt hat: „Government ist nicht die Lösung, sondern das Problem." Wenn Reagan – in Übereinstimmung mit der in den USA üblichen Wortwahl – von „government" sprach, meinte er jede Regierungstätigkeit, also die öffentliche Hand und die gesamte Verwaltung. Wobei Präsident Reagan – geradezu heimlich – die öffentlichen Ausgaben gewaltig in die Höhe geschraubt hat: Die Rüstungsausgaben sind damals explodiert, und mit diesen die Schulden.

Busek: Die höchsten Staatsschulden hat es unter Reagan gegeben, nicht unter den Demokraten.

Pelinka: Das ist alles vergessen, weil die Tea-Party-Anhänger genau genommen rechte Anarchisten sind, die gegen jede Form der Staatlichkeit eintreten. Die sind bereit, die Stellung der USA als Militärmacht Nr. 1 aufs Spiel zu setzen. Ich glaube, die Erscheinung der Tea-Party ist auch eine Folge der Interventionspolitik der republikanischen *Neocons*, also der Neokonservativen: Die drängten auf eine Interventionspolitik in Afghanistan, Irak usw. Die Tea-Party ist diesbezüglich der Widerspruch zum und die Reaktion auf den neokonservativen Zeitgeist, wie er in der ersten Amtszeit von George W.Bush vorherrschte. Aber militärisch sind die USA noch immer allen anderen weit überlegen, auch China; ökonomisch freilich büßen sie allmählich ihren Vorsprung ein.

Busek: Sie arbeiten militärisch jetzt sogar mit Substituten. Aus Usbekistan mussten sie hinaus, da waren sie wegen Afghanistan drinnen, und dort werden sie gegenwärtig von den Südkoreanern ersetzt – das ist eine Art Vasallensystem. Außerdem gibt es bezahlte Söldner – wie im alten Rom.

Pelinka: So wie die Sowjetunion die Kubaner in Afrika eingesetzt hatte.

Busek: Genauso. Aber die Frage ist, ob das sinnvoll ist?

Pelinka: Ich gehe davon aus, dass kurzfristig Henry Kissinger mit seinen Vorstellungen recht haben wird: Dass in der näheren Zukunft eine Reihe von Mächten die Weltpolitik bestimmen wird, und die USA nur die Ersten von Gleichen sein werden. Die anderen Mächte werden China, Indien, Russland sein, auch Japan, das gerade mit einer Hochrüstung beginnt. Kissinger selbst zählt Europa zu diesen Mächten, aber die Frage ist, ob Europa nicht gerade selbst dabei ist, diese Annahme zu falsifizieren.

Busek: Weil Europa derzeit nicht Europa sein will, sondern sich als *ein* Europa verweigert.

Pelinka: Da sind wir wieder bei der schon angesprochenen Reform des Sicherheitsrats der Vereinten Nationen. Es ging darum, Brasilien quasi als Sprecher für Südamerika aufzunehmen. Damit war Argentinien überhaupt nicht einverstanden. Oder auf der anderen Seite der Welt hat Indien seinen schärfsten Gegner in Pakistan. Die Pakistani sagen natürlich: „Wie kommen die Inder dazu, zu glauben, dass sie für die ganze Region sprechen können?" Genauso wenig kann Südafrika für ganz Afrika sprechen. Dafür gibt es viel zu viel Konkurrenz, Eifersüchteleien oder Sorgen, dass die eigenen nationalen Interessen untergehen. Das heißt also, dass es keine „regionale Verdichtung" gibt, ist nicht nur ein europäisches Problem, dass Europa nicht Europa sein will, wie du das nennst, sondern das ist ein weltweites Problem. Und die Akteure, die keine Verdichtung brauchen, sind die USA, China und Russland.

Busek: Daran erkennt man auch gut die Konzepte, hinter denen einzelne Staaten stehen. Ich glaube, Russland hat insofern das simpelste Konzept, als es zurück will zur Rolle der Sowjetunion. Das ist der Sinn dieser russischen Freihandelszonen mit seinen Nachbarn; das hat ja in Wahrheit nichts mit Freihandel zu tun, sondern ist ein Machtgebilde. Ganz generell stelle ich fest, dass die alten imperialen Vorstellungen auf ganz eigentümliche Weise wiederbelebt werden. Das gilt für Russland, das gilt für die Chinesen, und die Türkei arbeitet daran, das osmanische Imperium auferstehen zu lassen. Ich beobachte jedenfalls, dass alle Länder mit einer imperialen Vergangenheit dieses Denken beibehalten. Das geistert als ein Denkmuster durch die Welt.

Pelinka: Das sieht man auch an den ehemaligen französischen Kolonien in Afrika, wo Frankreich glaubt, Flagge zeigen zu müssen. Ich erinnere an Mali vor einem Jahr oder jüngst in der Zentralafrikanischen Republik, wo Frankreich meint, Einfluss nehmen zu müssen – das entspricht durchaus russischem Denken, dem Denken in historisch begründeten Einflusszonen. Aber wenn es das Ziel Russlands ist, ein Äquivalent zur Sowjetunion wieder herzustellen, fehlt ein entscheidendes Merkmal: nämlich die grundsätzlich supranational verbreitungsfähige Botschaft, das hat Russland nicht.

Busek: Es gibt keine Sowjet-Botschaft mehr.

Pelinka: So ist es.

Busek: Ihre Botschaft ist in Wahrheit die Energieabhängigkeit. Russland hat sich von der Staatsideologie auf eine rein materielle Dimension reduziert.

Pelinka: Das gilt auch für China. In maoistischen Zeiten wurde missioniert. Das ist weg. Der Maoismus ist genauso tot wie der Leninismus, aber den Bruch, wie in Russland, gab es nicht: Die Volksrepublik gibt es noch immer. Sogar der Mao Zedong liegt noch auf dem Tiananmen-Platz einbalsamiert.

Busek: Der neue Präsident Xi Jinping hat sich unlängst maoistisch geäußert; da fragt man sich schon, ob das nicht ein Etikettenschwindel ist.

Pelinka: Von Tom Friedman, einem amerikanischen Journalisten der New York Times, gibt es diese schöne Metapher, mit der er China und Indien vergleicht. Er schreibt: China ist wie eine Autobahn mit wunderbarem Straßenbelag, auf dem man geradlinig dahinfahren kann, alles ist perfekt, aber man weiß, dass die Straße irgendwann abreißen wird.

Busek: Man weiß nur nicht, wann und wo.

Pelinka: Genau, irgendwann ... aus, Ende; irgendwann und irgendwo endet die Berechenbarkeit des Systems. Hingegen ist Indien in diesem Bildnis eine Autobahn mit vielen Schlaglöchern, ab und zu wird eine Kuh über die Fahrbahn getrieben, aber es ist klar, es geht immer weiter. Indien ist also berechenbar. Für mich ist das ein schöner Vergleich, um die beiden Mächte zu beschreiben, die ökonomisch und zunehmend auch militärisch die aufsteigenden Konkurrenten in Asien sind. Es ist ja kein Zufall, dass Indien plötzlich den Weltraum erobern will, und von Russland kauft es atombetriebene Flugzeugträger bzw. die Technologie dafür.

Busek: Während gleichzeitig Hunderte Millionen hungern.

Pelinka: Ja, ... wobei das in China nicht viel anders ist. Das ist Teil jedes Imperialismus. Wenn wir an das napoleonische Empire denken, dann war das auch nicht auf der Beseitigung von Armut errichtet. Das ist der Preis, den auch China und Indien bereit sind, für ihre expansionistische Politik zu zahlen: die Armut.

Busek: Diese unsäglichen Großprojekte gehören in Indien zur Frage des Selbstbewusstseins.

Pelinka: Vor allem gegenüber China.

Busek: Ich bin drei Wochen lang mit einer Einladung der indischen Regierung durch das Land gereist. Die Inder haben immer gesagt: „Wenn die Chinesen eine superschnelle Eisenbahn bauen, dann sind sie mit dem Projekt in drei Jahren fertig. Wir brauchen 30 Jahre dafür, bei uns gibt es eine Menge Korruptionsfälle, aber es wird *demokratisch* entschieden." Das ist der Charme des indischen Beispiels.

Pelinka: Die Korruption gibt es auch in China. Effizienter sind sie jedenfalls: das ist die perfekte Autobahn. Ein Unsicherheitsfaktor ist der Umstand, dass es in beiden Ländern Entwicklungssprünge gibt und diese Hand in Hand gehen mit einer wachsenden Ungleichheit. Wenn man auf die Geschichte zurückblickt, dann erkennt man immer wieder das Muster, dass beim *Take-off* einer großen ökonomischen Entwicklung ein großer Teil der Gesellschaft zunächst zurückbleibt. Schon der Mao hat vom „Großen Sprung vorwärts" gesprochen, er selber hat diesen nicht gemacht, erst seine Nachfolger. Davon profitiert ein wachsender Mittelstand, der langsam wohlhabend wird, aber der Großteil der Bevölkerung bleibt arm. So wird die Ungerechtigkeit stärker als je zuvor.

Busek: Das war auch in den Industrieländern mal so.

Pelinka: Natürlich. Der Begriff *Pauperismus* ist in Zusammenhang mit der englischen Industrierevolution im 19. Jahrhundert entstanden. Also *Pauperismus*, das war im Europa des 19. Jahrhunderts die strukturell bedingte Armut weiter Teile der von der Industrialisierung erfassten Bevölkerung. Damals hat eine unglaubliche gesellschaftliche Entwicklung eingesetzt, nicht unähnlich jener in China heute: Boomende Städte, neuer Reichtum für eine dünne Oberschicht, Wohlstand für eine wachsende Mittelschicht, und gleichzeitig sind in den Löchern die Leute fast verhungert.

Busek: Gegenwärtig kommt hinzu, dass alles in die Städte zieht. Heute ist die Weltbevölkerung schon mehrheitlich in den Städten zu Hause. Und wenn man nach China kommt, sieht man sofort: Das Spannungsfeld zwischen Stadt und Land ist ungeheuerlich. Diese Megalopolen sind ein Phänomen, das wir bis dato in der Weltgeschichte nicht hatten. Und welche Dynamiken daraus entstehen, das werden wir erst sehen … das wird spannend.

Pelinka: Ja, es geht vom Land in die Stadt. Ein Gutteil der Weltmigration findet als Binnenmigration in den Schwellenländern statt. Dahinter steckt immer die Annahme, dass das Leben in der Stadt vorteilhafter ist als das Leben am Land. In Indien kommt hinzu, dass man auf diese Art dem rigiden Kastensystem entfliehen kann. Das ist die Realität. Daher ist die Frage wieder mal nicht: Soll man das akzeptieren, sondern wie geht man damit um?

Busek: Das ist in Indonesien genauso wie in China, Indien, Brasilien und der Türkei.

Pelinka: Istanbul! Ich habe noch gelernt, dass Istanbul 700.000 Einwohner hat, inzwischen sind wir bei 12 Millionen.

Busek: Genauso Ankara, das war vor wenigen Jahrzehnten ein Nest und ist heute eine Millionen-Stadt.

Pelinka: Wenn ich in der Stimmung bin, die Klagen über Österreich zu relativieren, sage ich manchmal: Tun wir uns nichts an, wir sind in Hinblick auf die Einwohnerzahl nur ein größerer Außenbezirk von Shanghai. Das sind die Dimensionen!

Busek: Da stellt sich natürlich die Frage nach der Regier-barkeit. Gar nicht einmal im politischen Sinn, sondern technisch-organisatorisch.

Pelinka: Ich war in den 1970er Jahren in indischen Groß-räumen, vor allem Kalkutta und Delhi und Bangalore, län-ger wieder in den 1990ern und nach der Jahrtausendwende. Man kann dort durchaus mit der Problematik der Riesen-städte umgehen. Als Beispiel erwähne ich die U-Bahn in Kalkutta, die wurde noch von der Sowjetunion gespendet, und die ist eine Katastrophe. Delhi hat dagegen in den 90er Jahren begonnen, eine U-Bahn zu bauen, und die ist toll; die haben die Technologie von Siemens gekauft, die U-Bahn ist hocheffizient, und so hat man das Verkehrs-chaos einigermaßen in den Griff bekommen.

Busek: Was mich an Indien fasziniert, ist, dass bei all diesen Problemen die Demokratie funktioniert. Die 1,2 Milliarden Bewohner, regelmäßig Wahlen und der Regierungswechsel mit einer kritischen Medienlandschaft sind ein Zeichen dafür.

Pelinka: Stimmt. Es sind in Indien immer alle Wahlergeb-nisse von den politischen Parteien anerkannt worden, und die Wahlverlierer, einschließlich Indira Gandhi 1977, haben gesagt: „Ich gratuliere dem Sieger, ich habe verloren." Das ist gar nicht so selbstverständlich, angesichts der extremen Komplexität des Subkontinents. Beispielsweise gibt es in Indien zwei offizielle Sprachen für die gesamte Indische Union, nämlich Hindi und Englisch, die werden im Parla-ment simultan übersetzt; die vielen anderen Sprachen, die es auf dem Subkontinent gibt, nicht – die kann man im

Parlament zwar aktiv verwenden, übersetzt werden sie aber nur in Hindi und in Englisch. Alle Abgeordneten aus dem Süden sprechen demonstrativ Englisch, nur um ja nicht Hindi zu sprechen, und umgekehrt, fast alle Abgeordneten aus dem Norden sprechen Hindi.

Busek: Mich hat der Ministerpräsident von Tamil Nadu, das ganz im Südosten liegt, mit den Worten empfangen: „Nehmen Sie zur Kenntnis: Ich spreche nur Tamilisch und Englisch." Das war die Einleitung beim Händeschütteln!

Pelinka: Was hast du geantwortet?

Busek: Ich habe ihm natürlich nicht erklärt: Ich spreche nur Österreichisch und Englisch, aber die Botschaft habe ich verstanden!

Pelinka: Aber an der Anekdote erkennt man, dass es in Indien große Probleme gibt. Trotzdem werden Wahlen anerkannt. Und das ist das Zeichen der Stärke der Demokratie. Das gilt auch für Ostmitteleuropa – die Anerkennung der Wahlniederlage, das haben diese Länder im Allgemeinen geschafft.

Busek: Selbst in Albanien sind wir dort angekommen: Der langjährige Ministerpräsident Sali Berisha hat im Sommer 2013 seine Niederlage anerkannt. Das ist eine demokratiepolitisch ganz wichtige Entwicklung.

Pelinka: Das Akzeptieren, dass man verloren hat, ist eigentlich die Nagelprobe einer Demokratie. Ich rufe in Erinnerung: 2006 hat Viktor Orbán in Ungarn zwar akzeptiert, dass er verloren hat, aber er hat als Oppositionsführer immer dann, wenn der Regierungschef sprach, das Parlament verlassen. Das ist nur eine halbe Anerkennung der Demokratie – und hier beginnt auch meine Kritik an der ungarischen Regierung Orbán nach dessen unbestreitbarem Wahlerfolg 2010.

***

Pelinka: Japan ist für mich das Erfolgsmodell für die Entwicklung außerhalb Europas. Das beginnt im 19. Jahrhundert, als Japan auf Teufel komm 'raus alles imitiert hat. Die haben alles 1:1 übernommen – einschließlich preußischer Gesetzbücher: einfach abgeschrieben.

Busek: Ich hatte mal ein lustiges Aha-Erlebnis, als ich japanischen Medizinern zuhörte. Ich habe kein Wort verstanden, weil die Japanisch geredet haben, plötzlich sagt einer mitten drinnen „Knochenbruch". Die haben das Wort in den Fachbüchern seit, was weiß ich, 100 Jahren oder so ähnlich mitgeschleppt, weil sie von der Wiener Medizinischen Schule abgeschrieben haben.

Pelinka: Aber damit sind die Japaner so gut gefahren, dass sie im Jahr 1905 Russland besiegen konnten, was der Welt des weißen Mannes einen Schock versetzt hat.

Busek: Hier liegt ja der Ursprung vom Gespenst der Gelben Gefahr.

Pelinka: Dann folgte der Zweite Weltkrieg, der auch für Japan eine Sackgasse war. Und danach hat Japan die Lohnunterschiede ausgenutzt, um wieder den Westen zu imitieren. Als schließlich als Ergebnis dieser Entwicklung das Lebensniveau so stark gestiegen war und die Japaner so viel verdienten wie die Westeuropäer und Nordamerikaner, haben sie bestimmte Produktionen aufgegeben beziehungsweise Südkorea überlassen. Japan selbst hat auf die Produktion hochwertiger Güter umgestellt, wo das hohe Lohnniveau keine so große Rolle mehr spielte. Das müsste auch Europa tun! Wir brauchen nicht dem Schiffsbau nachweinen, der sich nach Brasilien verlagert hat. Die Welt braucht Schiffe, aber sie braucht nicht den Schiffsbau in Europa. Es wäre ungeschickt, mit diesen Schwellenländern in Konkurrenz zu leben. Eine Konkurrenz mit Ländern, die mit weniger Produktionskosten Produkte derselben Qualität herzustellen vermögen, ist aussichtslos. Wir müssen uns an den Hochtechnologie-Ländern in Asien und den USA messen. Das ist der Weg in die Zukunft.

Busek: Ich frage mich oft: Sind diese neuen Wirklichkeiten in Österreich präsent? Anders gesagt: Wird in Österreich die globale Bedeutung verstanden, dass die Internationalität schon Wirklichkeit ist? Du hast früher von der *Insel der Seligen* gesprochen, anders gesagt: Leben die Österreicher noch immer im Glauben …

Pelinka: *Uns betrifft das alles ohnehin nicht.*

Busek: Genau!

Pelinka: Aber es betrifft uns ja doch, das hat ein jeder an der Finanzkrise gemerkt, die uns in den vergangenen Jahren überrollt hat – und über die wir noch sprechen müssen.

Busek: Daher ist für mich die entscheidende Frage: Wie gewinnt man die Menschen, sich für die Veränderungen auch verantwortlich zu fühlen und die Ereignisse nicht so aus der Zuseherperspektive wahrzunehmen?

***

Pelinka: Vielleicht braucht Europa so etwas wie eine Finanzkrise, weil Krisen ja auch Chancen sind. Krisen zwingen zur Anpassung an geänderte Herausforderungen. Ein großes Problem bei der Finanzkrise ist sicherlich, dass es ein unterschiedliches Tempo im ökonomischen Wachstum und in der Wohlstandsmehrung gibt. In dem Moment, da in den Schwellenländern das Wirtschaftswachstum so rasant geworden ist und gleichzeitig das Wachstum in den Industrienationen zurückbleibt oder stagniert, muss es zu Krisensymptomen kommen. Ich weiß nicht, welche Rolle die Spekulationsblasen gespielt haben, aber damit kann man umgehen lernen. Hinter der gegenwärtigen Finanzkrise steckt sicherlich Gier, und das kann man politisch korrigieren.

Busek: Ich bin überzeugt, dass diese Finanzkrise auch eine heilsame Wirkung hat. Nummer eins: Banken müssen wieder die Aufgaben übernehmen, für die sie eigentlich da sind, also Unternehmensfinanzierung, Anleihen, normales Geldgeschäft …

Pelinka: Real-Wirtschaft.

Busek: Genau: Real-Wirtschaft. Und die ganzen Phantomprodukte, die in der jüngeren Vergangenheit erfunden wurden, werden wieder verschwinden oder zu solchen Produkten reduziert, die dem Markt etwas bringen. Das ist schon fest unterwegs. Nummer zwei: Nicht nur Österreich, sondern Europa generell war *overbanked* – es gab viel zu viele Banken. Hier kam es zu einem Säuberungsprozess. Der ist nicht angenehm, aber notwendig. Wenn man so will, ist das ein Teil des europäischen Integrationsprozess, dass wir nicht mehr nationale, sondern europäische Banken haben. Worauf ich gespannt bin, ist, ob die Bankenunion tatsächlich zustande kommt. Die Angela Merkel ist im Augenblick noch dagegen, aber wenn diese Bankenunion kommt, dann hat der Euro eine gute Zukunft.

Pelinka: Das wäre ein wichtiger Beitrag zur Integration Europas.

Busek: Zur Vertiefung – wie du das genannt hast. Ich glaube, dass die SPD das begriffen hat und eher für die Bankenunion ist. Merkel zeigt sich noch skeptisch, aber ich glaube, das hat mit Störfeuer aus Bayern zu tun. Ich bin diesbezüglich guter Hoffnung. Wenn das nicht klappt, wird es den Euro weiter geben, aber die Eurozone wird nicht stärker. Wenn die Bankenunion kommt, was früher oder später der Fall sein wird, dann werden auch jene Länder auf den Euro einschwenken, die heute noch nicht in der Währungsunion sind.

Pelinka: Hier ist auch die Europäische Zentralbank zu einem wichtigen Akteur geworden. Sie spielt nun eine gewichtige Rolle, durchaus vergleichbar mit der Europäischen Notenbank. Und ... – du blickst mich skeptisch an?

Busek: Ganz und gar nicht! Ich würde sogar weiter gehen. Die Amerikaner sagen immer: Zuerst waren die Vereinigten Staaten, ab 1787, viel später kam das *Federal Reserve Board*, also die amerikanische Zentralbank hinzu, das war 1913. Also einen Dollar gibt es erst seit 1913. Daran denkt man bei uns in Europa nicht. Aber wenn die Bankenunion passiert, dann bekommt Europa zuerst so etwas wie ein *Federal Reserve Board*, und später die Vereinigten Staaten von Europa. Das ist auf der Welt *einmalig*, dass eine Staaten-Werdung über diese Ebene führt – zwar mühsam, aber freiwillig.

Pelinka: Mir fällt in Zusammenhang mit der Finanzkrise auch auf, dass insbesondere deutsche Wirtschaftprofessoren gerne im Fernsehen auftreten und erklären: Der Euro sei demnächst am Ende. Dass der Euro Probleme hat, ist unbestreitbar.

Busek: Welche Währung hat in Zeiten wie diesen keine Probleme?

Pelinka: Eben. Und den Euro gibt es trotzdem. Und mir scheint, dass diese Ökonomen – da fallen mir nicht nur deutsche, sondern auch einige österreichische ein – die politische Dimension der Prozesse nicht wahrnehmen.

Busek: Sehr richtig!

Pelinka: Wie oft der Euro schon für tot erklärt wurde, sollte ausreichend Grund sein, dass man ökonomischen Prognosen dieser Art keinen Glauben schenkt.

Busek: Das kann man in der Zeitlinie verfolgen. Es ging immer um die Betrachtung des Wechselkurses: Euro zum Dollar. Als der Euro eingeführt wurde, sackte der Euro zum Dollar unter 1 ab. Katastrophengeschrei! Dann ist die Gegenentwicklung gekommen, der Euro wurde sehr stark: Katastrophengeschrei! Was auch passiert …

Pelinka: Es folgt das Katastrophengeschrei!

Busek: Ich bin dir übrigens für deine Bemerkung über die deutschen Ökonomen dankbar. Der deutsche Bundesgerichtshof geht einen ähnlichen Weg. Die sind offenbar alle noch im Bonner Grundgesetzbuch gefangen. Die haben eine Betrachtungsweise, die ein altes BRD-Denken widerspiegelt, nämlich Stärkung der nationalen Souveränität durch das Parlament. Die sehen nicht ein gemeinsames Europa, sondern beurteilen die deutsche Rolle plus den in Deutschland existierenden Entscheidungswegen.

Pelinka: Ja, ja … das ist ein Souveränitätskonzept, das von der alten Bundesrepublik Deutschland ausgeht.

Busek: Aber die Folge wäre, dass letztlich Deutschland entscheidet, was Europa ist. Das kann es nicht sein! Das steht dem Konzept von einem gemeinsamen Europa diametral entgegen. Darüber wird nicht diskutiert, und hier muss ich den deutschen Bundesgerichtshof sehr kritisieren.

Pelinka: Grundsätzlich muss man sagen, die deutsche Verfassung ist ja noch immer das Bonner Grundgesetz von 1949, das aus verständlichen Gründen auch als Verfassung des vereinigten Deutschland dient. Im Jahr 1949 hatte der

Integrationsprozess noch nicht begonnen. Im Mittelpunkt des Grundgesetzes steht eine Souveränitätsvorstellung – und deshalb ist immer zu befürchten, dass das Bundesverfassungsgericht beim jeweils nächsten Vertiefungsschritt der EU negativ entscheidet. Bislang lautete die Botschaft ja immer: „Gerade geht das noch. Bis hierher und nicht weiter." Und irgendwann könnte die Mehrheit im Bundesverfassungsgericht kippen: Und was dann? Steigt dann Deutschland aus dem europäischen Integrationsprozess aus?

Busek: Wenn es zuvor nicht einen Generationenwechsel im Denken gibt. Also die hängen mit ihren Ansichten noch sehr stark zurück!

Pelinka: Ja, die hängen zurück, weil sie von der Vorstellung geprägt sind, dass man die Bundesrepublik Deutschland und ihr Grundgesetz gegenüber den Gefahren von gestern schützen muss. Diese Haltung ist zwar völlig absurd, aber ... wie wir wissen, können Juristen alles begründen.

Busek: Dazu fällt mir eine interessante Entwicklung ein. Die EFTA besteht aus den vier Ländern Liechtenstein, Schweiz, Island und Norwegen. Der Gerichtshof der EFTA ist genauso in Luxemburg ansässig wie der Europäische Gerichtshof. Und die beiden Gerichtshöfe haben ein stilles Einvernehmen: Bei Fragen, wo sie glauben, in diese Gasse hineinzukommen, dass etwas nicht dem EU-Recht entspricht, wird ein Fall erzeugt, der beim EFTA-Gerichtshof anhängig ist, und die judizieren dann witzigerweise sehr pro-europäisch, obwohl sie weniger europäisch sind als die EU. Und der Europäische Gerichtshof folgt dann diesen Entscheidungen nach. Das ist eine ganz obskure Situation.

Pelinka: Das ist ja eine tolle Geschichte! Das machen die bewusst?

Busek: Ja, klar. Das machen die bewusst. Der Schweizer Carl Baudenbacher ist Präsident des EFTA-Gerichtshofs mit einem liechtensteinischen Mandat, der macht das bestimmt bewusst, um die Schweizer zu ärgern.

Pelinka: Eigentlich ist der Rolle des Europäischen Gerichtshof sehr interessant, weil er ...

Busek: ... durchaus politische Entscheidungen trifft. Nämlich in Fällen, in denen die EU-Institutionen nicht entscheiden.

Pelinka: Und diese Rolle des EuGH wird ziemlich unterschätzt. Er spielt damit nämlich in einer Liga mit dem Europäischen Parlament und der Europäischen Kommission. Und der EuGH ist europäisch orientiert.

Busek: Und damit ein Gegengewicht zum Europäischen Rat, der eine national orientierte Entscheidungsstruktur ist.

Pelinka: Also die modernen politischen Systeme, wie wir sie heute kennen, haben zwei Wurzeln: Großbritannien und die USA. In Großbritannien basiert das Recht stärker auf Gewohnheit. Die USA sind später als der britische Parlamentarismus entstanden und haben auf niedergeschriebene Dokumente gesetzt. Daher ist das amerikanische System prägender, weil es alles „verrechtlicht" hat, und ist für viele andere Institutionen und Staaten in der Welt Vorbild gewesen: Also für die EU, Japan, Indien usw. Als Beispiel nenne ich die wichtige Rolle des Verfassungsgerichtshofs. Dieser tritt als Schiedsrichter zwischen den verschiedenen Organen auf, wenn diese unterschiedlicher Meinungen sind. Das ist eine Folge aus dem Jahr 1787, als sich die streitenden Personen und Interessen in Philadelphia irgendetwas ausgehandelt haben. Das Ergebnis dieses amerikanischen politischen Prozesses ist nach 1945 nach Deutschland und nach Japan gekommen und ist genau genommen auch das Vorbild für die Europäische Union.

***

Pelinka: Ich würde gerne unsere Gedanken über die mächtigen Länder wie China, Indien, Japan und die USA weiterführen. Wie siehst du die Rolle Russlands, das noch immer die zweitgrößte Militärmacht der Welt ist, wenn man dies an der nuklearen Zerstörungskapazität festmacht?

Busek: Ich würde Russland nicht als Supermacht bezeichnen. Auch wenn es die zweitgrößte Atommacht ist und Kosmonauten in den Weltraum fliegen. Für mich hat das Land zu viel Ungleichgewichtigkeiten in sich selbst. Die Russen sind auf dem Energiesektor unheimlich stark, aber nicht in der Lage, eine eigenständige Industrie aufzuziehen, im Technologiebereich liegen sie stark zurück. Ich vermute, dass sich die unterschiedlichen Regionen Russlands beizeiten stärker rühren werden. Nicht nur der Kaukasus, der seit längerem schon ein Hort der Unruhe ist, sondern auch andere Provinzen und der Ferne Osten.

Pelinka: Das hat auch mit lokalen Ressourcen und regionalen Entwicklungen zu tun. Grundsätzlich hat Russland ganz offensichtlich ein Rentier-Problem. Wenn ich das zu meinen Studenten sage, lachen immer einige, weil sie glauben, Russland hat ein Problem mit seinen Rentierherden im hohen Norden, aber das meine ich nicht – es geht natürlich nicht um die nordische Fauna, es geht um die wirtschaftlichen Grundlagen. Es gibt den Begriff Rentier-Staaten, dazu zählen, leicht erkennbar, auch die arabischen Golfstaaten. Die leben davon, dass sie viel Reichtum in der Erde haben und dieser von zumeist schlecht bezahlten Gastarbeitern geborgen wird. Die Golf-Araber leben wie der Herr von Eisenstein in Johann Strauss' „Fledermaus", der sich immer wieder von seinen Aktien Kupons abschneidet. Und Russland lebt davon, dass der Ölpreis und Erdgaspreis hoch ist. Wenn dieser Preis sinkt, …

Busek: Beispielsweise weil sich das Fracking durchsetzt!

Pelinka: Zum Beispiel, ja, dafür hat Russland nicht vorgesorgt. Ganz anders Norwegen. Das ist ein kleiner Staat und die Norweger investieren sehr viel Geld in eine Post-Erdöl-Gesellschaft. In Russland sehe ich das nicht. Dieses Land ist dermaßen vom Export der Primärenergie abhängig, dass das eine gefährliche Situation für Russland ist. Interessant ist in diesem Zusammenhang, dass die großen Entwicklungserfolge in Ländern wie Japan, China, Indien, in Europa in der Schweiz gemacht wurden. Das sind durchwegs Staaten ohne großen Reichtum in der Erde. Das ist offenbar heilsam, weil dann muss man andere Wege gehen und in komplexe intelligente Verfahren investieren und nicht einfach in die Ausbeutung von Grund und Boden.

Wie die Golfstaaten damit umgehen werden, weiß ich nicht. Was ich gegenwärtig sehe, ist, dass sie „die Kupons der Aktien abschneiden" – also das Leben eines Rentiers führen, wie der Herr von Eisenstein in der „Fledermaus": lustig und unproduktiv.

Busek: Diese Kleinfürstentümer wie Dubai, Abu Dhabi, Bahrain und Oman haben ja ganz eigentümliche Zustände. Wenn man dort ist, glaubt man immer, das kann jeden Moment im Wüstensand versinken. Das ist so irreal alles, insbesondere in Dubai und Abu Dhabi, dort fehlt das gesunde Fundament: Wolkenkratzer und Zelt in der Wüste!

Pelinka: Mich erinnern diese Länder immer an kleine Weltraumstationen.

Busek: Wenn du diese Städte, und mehr ist es ja nicht, verlässt, bist du nach drei Kilometern in der Wüste. Da ist einfach nichts gewachsen.

Pelinka: In Russland ist das ähnlich. Also, ich meine nicht die Städte im Sand, sondern das Land lebt allein vom Schwarzen Gold. Die wirtschaftlichen Erfolge der Ära Putin sind vom Marktpreis des Öls und des Erdgases abhängig.

Busek: Die weitere Entwicklung Russlands wird sehr stark vom Energiepreis abhängen, da bin ich völlig deiner Meinung. Eine Zeit lang wurde darauf gedrängt, den Industrie- und Technologie-Sektor zu fördern, vor allem von Oligarchen, die wurden inzwischen alle entsorgt. Ich glaube, dass Wladimir Putin längerfristig ein Problem mit all den angesprochenen Entwicklungen bekommen wird.

Ich höre aus Bankenkreisen, dass die Bereitschaft in Russland zu investieren, abnimmt, weil das Vertrauen verloren geht.

Pelinka: Es besteht bei allen postkommunistischen Staaten in Europa das Problem, dass ein stabiles Parteiensystem für eine stabile Demokratie nötig ist. Und in Russland gibt es in Wahrheit kein Parteiensystem, sondern was vorhanden ist, ist die Partei des Präsidenten, die von oben nach unten regiert wird, und der Herr Putin leistet sich eine unreformierte kommunistische Partei und eine verrückte rechtsnationalistische Partei, die sich paradoxerweise liberal-demokratisch nennt – und das alles, um Russland den Anschein eines Vielparteiensystems zu geben.

Busek: Das ist schon zu viel gesagt! Er leistet sich geradezu einen Oppositionellen, den er hie und da einsperrt und vor den Wahlen wieder herauslässt.

Pelinka: Aberwitzig! Die wichtigste Funktion eines Parteiensystems ist es, politisches Führungspersonal zu rekrutieren. Das passiert in Ostmitteleuropa nicht optimal, aber es funktioniert.

Busek: In Russland funktioniert das nicht.

Pelinka: Und das ist ein großer politischer Unsicherheitsfaktor.

Busek: Genauso die Verwicklungen zwischen Wirtschaft und Politik – fast wie im alten sowjetischen System. Ich erzähle dazu eine Geschichte, die Russland irgendwie gut beschreibt. In Wien gibt es ein privates Forschungsinstitut, das von Professor Hans-Georg Heinrich geleitet wird. Das nennt sich ICEUR; ausgesprochen heißt dieser Zungenbrecher: *International Center for Advanced and Comparative EU-Russia (NIS) Research Vienna.*

Pelinka: Dem Sowjetologen.

Busek: Ich hatte in meiner Funktion als Vorsitzender dieses Instituts einen Termin mit Alexander Lebedev, seines Zeichen ein Oligarch. Ihm gehört die zweitgrößte russische Fluglinie, er hat in London eine Zeitung, einen Fußballklub und alles, was man halt so braucht. Ich sitze in seinem Moskauer Palais, das ist ein teures Gründerzeithaus in der Innenstadt und anstatt des Herrn Lebedev kommt einer seiner Mitarbeiter und drückt mir ein Mobiltelefon in die Hand. Am Apparat, Lebedev, der mir sagt, er hat ein Problem und muss gleich ins Präsidentenbüro. Drei Wochen später treffe ich ihn in Paris. Dort hat er ein Schlösserl, ganz obskur auf einer Art Insel, voll mit Kunstwerken. Ich habe ihn natürlich gefragt, was los war. Seine Antwort: Er hat eine Zeitung gegründet und der Chefredakteur schreibt eine Geschichte, dass der Herr Putin ein Verhältnis mit einer Ballerina hat. Dann musste Lebedev nicht nur den Chefredakteur entlassen, sondern auch die Zeitung einstellen.

Pelinka: Und die Prima Ballerina ist inzwischen Wirklichkeit geworden.

Busek: Ich habe Lebedev gefragt: „Wie überleben Sie das?" Und er hat erzählt, dass er von der Justiz überprüft wurde,

Steuerprüfungen hatte usw. Aber dann kam von ihm der vielsagende Satz: „Sie müssen wissen: Putin war beim KGB nur in Dresden. *Ich* war in London."

Pelinka: Putin, der Provinz-KGBler. Herrlich!

Busek: Ja, diese Einordnung. *Ich war in London! Er nur in Dresden!* Da merkt man, dass das alte System noch voll in den Köpfen drinnen steckt. Das gilt übrigens für die Transformationsstaaten genauso. Also, Rumänien wird teilweise von der Securitate, vom ehemaligen Geheimdienst, regiert.

Pelinka: Leider, ja! Zum Glück gilt das nicht für die Visegrád-Staaten. (Polen, Tschechien, Slowakei, Ungarn.)

Busek: Aber für Rumänien und Bulgarien gilt es. Ohne Zweifel! Unter anderem deswegen höre ich oft, dass diese beiden Länder zu früh in die EU aufgenommen wurden. Aber das ist falsch. Die Transformation der Gesellschaft und des Staates ist tatsächlich noch nicht passiert, aber das ist nicht allein ein Zeitfaktor – sodass man sagen kann, die sind zu früh aufgenommen worden. Mir scheint, für die EU-Reife spielt die Nachbarschaft zu „gewachsenen" EU-Staaten eine große Rolle. Das gilt für alle erwähnten Visegrád-Staaten …

Pelinka: Aber nicht für Rumänien und Bulgarien.

Busek: Nein, dort haben wir noch große Probleme. Wenn ich Bulgarien höre, fällt mir immer Schiwkow ein.

Pelinka: Der Diktator, Todor Schiwkow?

Busek: Ja, dessen Nationalismus war ja haarsträubend! Der hat die türkische Minderheit gezwungen, christliche Vornamen anzunehmen. Da wurde aus dem Mohammed über Nacht ein Kristov! *Per Dekret!* Die haben einfach die Geburtsscheine ändern müssen. Da wundert man sich nicht wirklich, dass dieses Land noch so manches Problem hat. Transformation geht nicht von heute auf morgen. Sie ist ein gesellschaftlicher Prozess, mit dem die Menschen in einem Staat mitwachsen müssen. Aber es ist ohnehin bewundernswert, wie gut so manches funktioniert hat, denn der Zerfall großer Imperien wie das der Sowjetunion hätte früher zu furchtbaren Kriegen geführt. Es haben schon die kleineren in Jugoslawien genügt.

***

Busek: Österreich ist von der Bühne der internationalen Politik weitgehend draußen. Das geschah in der Folge der EU-Mitgliedschaft, und ich vermute auch, wegen eines sinkenden Interesses.

Pelinka: Na ja, wir müssen auch zur Kenntnis nehmen, dass sich die Rahmenbedingungen geändert haben. Österreichs Neutralität hatte eine Funktion, und damit hat die österreichische Politik ganz geschickt hantiert, solange es den Ost-West-Konflikt gegeben hat. Das war auch die Voraussetzung für die Neutralität, die ist ja nicht vom Himmel gefallen, sondern war die vernünftige Antwort der geopolitischen Lage zwischen Ost und West.

Busek: Bloß die Sowjetunion gibt es nicht mehr, und den Ost-West-Konflikt gibt es auch nicht mehr, somit hat die Neutralität ihre Funktion verloren.

Pelinka: Genau. Die Nato grenzt heute an die Außenbezirke von St. Petersburg. Östlich von Wien steht nicht mehr die Rote Armee. Das wollen manche nicht zur Kenntnis nehmen. Die Neutralität ist der Untote der österreichischen Politik: Der geistert herum, obwohl er schon längst tot ist. Die große letzte Chance für die Neutralität wären in den 90er Jahren die Jugoslawien-Kriege gewesen. Vor der Haustür findet ein Krieg statt, und da hätte Österreich als neutraler Staat etwas tun können – seine guten Dienste offerierend und vermitteln. Aber aus serbischer Sicht – und die war ja nicht weit von der Realität entfernt – hat Österreich für Kroatien Partei ergriffen, somit waren wir nicht mehr neutral.

Busek: Wir haben sowieso kein Konzept gehabt. In dieser Regierung bin ich gesessen, da kann ich aus erster Hand berichten. Bundeskanzler Franz Vranitzky hat lange gesagt: „Man muss ihnen die EU-Mitgliedschaft geben." Bloß, das damalige Jugoslawien war meilenweit davon entfernt.

Pelinka: Dafür haben die Demokratievoraussetzungen völlig gefehlt. Das hätte man vielleicht als Karotte vor die Nase hängen können.

Busek: Das hat Vranitzky auch akzeptiert. Dann war er der Meinung, wenn wir ihnen Wirtschaftshilfe geben, würden sie beieinander bleiben. Ich habe daraufhin Gespräche beim Bund der Kommunisten Jugoslawiens und mit Vertretern des Staatspräsidiums geführt, und da war absolut klar: Mit

Wirtschaftshilfe allein ist da nichts zu machen. Die waren miteinander *beendet*.

Pelinka: Ja, der Zug war damals abgefahren. Rückblickend ist auch manches Erlebnis klarer. Ich schildere das mal mit einer Anekdote. Ich war 1988 in Split, auf der Straße haben wir Leute nach dem Weg gefragt: Wir wollen nach Sarajewo … und die Reaktion war immer so, als hätten wir die Richtung nach *Timbuktu* erfragt. Die Reaktionen waren verständnislos, fast feindselig! Als dann 1991 der Krieg ausbrach, war uns natürlich längst klar, dass diese Reaktionen tatsächlich feindselig gemeint waren. Der Zerfall Jugoslawiens hat sich schon vor 1991 angekündigt. Titos Vision eines transnationalen, föderalen Jugoslawiens war de facto bereits gescheitert.

Busek: Solche Geschichten kann ich zu Dutzenden erzählen. Ich bin bei einer dieser Reisen von Belgrad nach Sarajewo geflogen, das gab es Ende der 80er Jahre noch. Am Flughafen in Belgrad traf ich slowenische Politiker, die mich kannten, und im Gespräch fragte ich: „Und was machen Sie in Ljubljana?" Antwort: „Ich gehe zum Zahnarzt." Sagte ich: „Das können Sie doch in Belgrad auch." Ernste Antwort: „Nein. Die in Belgrad bringen mich um." Okay, das wäre wohl nicht geschehen, aber allein dass die Menschen in solchen Kategorien denken, zeigt: Die waren miteinander *beendet*. Die wollten nichts mehr miteinander zu tun haben.

Pelinka: Das Tito-Experiment war jedenfalls am Ende.

Busek: Es hat damals einen Standardspruch gegeben, der im Land überall zu hören war: „Jugoslawien ist das Land

mit 7 Nachbarn, 6 Teilrepubliken, 5 Minderheiten, 4 Sprachen, 3 Religionen, 2 Alphabeten und 1 Partei." Ein solches
Gebilde ist nicht lebensfähig.

Pelinka: Es ist Tito nicht gelungen, eine gesamtjugos-
lawische Identität herzustellen. Und nach seinem Tod,
1980, hat die allmählich einsetzende Demokratisierung
das Ende Jugoslawiens gebracht. Ein bisschen wie in der
DDR, wo ja auch die Demokratisierung das Ende der
DDR herbeigeführt hat, während überall sonst in Europa
die Demokratisierung nicht die staatliche Identität in
Frage gestellt hat. Dass das Ende in Jugoslawien in einer
solchen Brutalität ausuferte, hatte schon mit den Nar-
rativen, die es dort überall gab, zu tun. Ich meine diese
tradierten Erzählungen aus der Geschichte, maßlos und
einseitig interpretiert wie beispielsweise die Geschichte
vom Amselfeld, dem Kosovo; die Erzählungen, in denen
es nur darum geht, wer wen wo umgebracht hat und was
für Bestien die anderen sind usw. Als dann mit der Demokratie der öffentliche Diskurs kam, darüber geschrieben
und gesprochen werden durfte, entwich der Ungeist des
Nationalismus aus der Büchse der Pandora in die Freiheit.
Und der damalige Präsidenten Serbiens, Slobodan Milosevic, hat die ganze Zeit Öl ins Feuer geschüttet – nicht
viel anders sein kroatisches Pendant, Präsident Franjo
Tudjman.

Busek: Milosevic habe ich persönlich getroffen. Der war
kein verrückter Nationalist, sondern ein machtbesesse-
ner Banker, der die nationalistische Karte gespielt hat. Er
hat gedacht, er kann mit Hilfe der jugoslawischen Armee
gewinnen.

Pelinka: Wenn ich zusammenfasse: Der Zerfall Jugoslawiens war unausweichlich. Und wenn ich zurückkomme auf unsere Ausgangsfrage, dann war dieser Krieg die letzte Möglichkeit für Österreich, seine Neutralität mit Leben zu erfüllen.

Busek: Ich komme nochmals auf Österreich und die Frage zurück, warum unser Land international eine immer kleinere Rolle spielt. Der Grund ist, weil wir praktisch keine Außenpolitik machen. Wir haben kein Konzept nach unserem Beitritt zur EU gefunden, das haben wir vorhin schon angesprochen. Ich sage immer: die östlichen Partnerschaften mit Leben zu erfüllen, wäre Österreichs Aufgabe. Aber da passiert nichts.

Pelinka: Innerhalb der EU gibt es so etwas wie „Länder-Fraktionsbildungen", also es tun sich nicht (nur) Parteien zusammen, sondern auch benachbarte Länder, die aus regionalen Gründen ähnliche Interessen haben. Zum Beispiel gibt es einen Benelux-Block und einen nordischen Block. Österreich hat es nicht verstanden, mit den mitteleuropäischen Nachbarn eine Abstimmung zu finden.

Busek: Es interessiert einfach niemanden.

Pelinka: Das hat sicher auch damit zu tun, dass das Außenministerium mit Personen besetzt ist, die prinzipiell Innenpolitik machen, nämlich aufgrund ihrer parteipolitischen Funktion ...

Busek: Da kann ich noch deutlicher werden. Als ehemaliger ÖVP-Parteiobmann kann ich sagen, es war sicher strategisch richtig, dass zur Zeit des Alois Mock der Parteiobmann auch Außenminister war – wegen der Bedeutung des EU-Beitritts. Heute ist das ein Fehler! Das führt dazu, dass der Parteiobmann aus innenpolitischen Gründen hier sein muss, aber als Außenminister sollte er die ganze Zeit weg sein. Das scheint Michael Spindelegger verstanden zu haben. Allerdings hat er jetzt den Fehler begangen, Finanzminister zu werden und wird so mitten ins Budgetloch hineinfallen.

Pelinka: ... und als Finanzminister in der Eurozone erst recht wieder auswärts sein müssen. Das ist ein Dilemma! Aber wenn wir unseren Gedanken zu Ende führen: Was wäre für Österreich eine internationale Aufgabe?

Busek: Ich arbeite an einem Vorschlag. Es gibt einerseits am Balkan etliche Kleinstaaten: Montenegro, Albanien, Mazedonien, Kosovo. Und andererseits gibt es latent die Gefahr, dass jemand daherkommt und ein Großalbanien machen will. Da gibt es die Idee, sozusagen eine Benelux-Staaten-Lösung anzustreben, und die könnte Österreich patronisieren.

Pelinka: Das ist ja eine spannende Idee!

Busek: Im Kosovo ist die schwarz-rote albanische Flagge mit dem byzantinischen Doppeladler sehr stark vertreten. Auf jedem zweiten Haus.

Pelinka: Das heißt, es ist wirklich aktuell, dass man den Gedanken von einem Großalbanien zähmt. Das könnte zum nächsten Balkankrieg führen, wenn man nicht aufpasst.

Busek: Ja, schreckliche Vorstellung! In Serbien gibt es viele Albaner. In Griechenland auch eine Million. Es gehört etwas gemacht. Österreich hat auch nach längeren Schmerzen das Südtirolproblem im Einvernehmen mit Italien gelöst. Es geht schlicht und einfach darum, Erfahrungen des Miteinanderlebens etwa in den Schulfragen, in der Verwaltung und in der Kultur weiterzugeben, und schließlich zeigt das Beisammensein in der Europäischen Union auch sehr produktive Wirkungen.

Pelinka: Österreich könnte anbieten, längerfristig eine in die EU führende Entwicklung zu unterstützen, damit diese Kleinstaaten nicht ihre Staatlichkeit aufgeben und beispielsweise so ein Großalbanien anstreben, sondern dass sie eine regionale Kooperation machen, wie das die Benelux-Staaten lange vor der EU vorgemacht haben. Ich kann dir nur zustimmen, das wäre ein konstruktiver Beitrag Österreichs.

Busek: Interessiert die zuständigen Stellen nicht. Bedauerlicherweise ziehen wir uns mehr und mehr aus dem Balkan zurück, obwohl dort eigentlich unsere genuine Aufgabe vorhanden ist und immer schon war. Wir tun uns auch mit der Mentalität leichter!

Pelinka: Man darf nicht vergessen, dass Österreich ein kleines Land ist mit gut acht Millionen Einwohnern: Wir haben eine beschränkte Kapazität.

Busek: Daher brauchen wir eine Politik der Nähe, wir sollten uns auf die Nachbarschaft konzentrieren. Beispiel: die Benelux-Idee. Darüber hinaus sollte sich Österreich auf Bereiche konzentrieren, wo wir Erfahrung haben. Migration möchte ich als Beispiel nennen, da haben wir, historisch bedingt, sehr viel Erfahrung. Und schließlich möchte ich die Konfessionsfrage nennen. Die Saudis haben sich auch etwas gedacht, als sie vor kurzem das König-Abdullah-Zentrum in Wien eröffnet haben – das würde ich den Saudis nicht alleine überlassen. Ich denke, für diese Themenbereiche wäre eine österreichische Außenpolitik erforderlich.

Pelinka: Dem stimme ich zu. Einerseits bedaure ich als Politikwissenschaftler, dass wir keine Außenpolitik in erkennbarer Größe haben, ein klein wenig Außenpolitik sollten wir schon haben – einfach aus der Verantwortung für Europa und für die Demokratie heraus. Aber wir sind ein kleines Land und, und um Gottes willen, wenn am österreichischen Wesen die Welt genesen soll, da kann man der Welt nur wünschen: Bitte nicht! Bitte nicht zuviel Außenpolitik – das wäre ja auch eine Anmaßung, die innenpolitisch nicht legitimierbar und nach außen hin nicht durchsetzbar wäre.

Busek: Das schon, aber das Bild, das Österreich derzeit auf der internationalen Bühne abgibt, ist schrecklich, besser gesagt gar nicht vorhanden. Ich schätze Sebastian Kurz persönlich, weil er im Bereich der Integration, vor allem in der Öffentlichkeit, andere Gefühle und Zugänge erzeugt hat. Er leidet jetzt darunter, dass man kommentiert, er sei für den Außenminister zu jung. Das wird für ihn, vor allem in den nächsten Monaten, ein Problem sein. Wenn es ihm gelingt, sich nicht nur gesprächsfähig mit allen möglichen zu erweisen, was er auch bisher war, sondern er auch ein

Konzept entwickelt, dann hat er langfristig auch Chancen. Er hat es nicht leicht, denn er muss mit dem Bild des „kleinen Jungen" gegenüber den großen Playern kämpfen. In den ersten Interviews war noch keine Strategie erkennbar – das wäre sicher auch zu früh, aber in seiner Feststellung, dass er sich für den „Westbalkan" engagieren will, hat er wenigstens eine Richtung gezeigt, die wir eigentlich in der Vergangenheit schon mehr gebraucht hätten als es der Fall war. Außer Frage steht, dass es sichtbar wird, dass die Personaldecke der Regierungsparteien sehr, sehr dünn ist.

***

Pelinka: Wir hatten dieses Kapitel im Zuge unserer Vorbereitungen für dieses Gespräch unter der Bezeichnung „Internationale Themen" zusammengefasst. Das hat bei mir leise Bedenken ausgelöst, weil das voraussetzt, dass es auch eine nationale Souveränität gibt. Dieser Gedanke hat früher einmal die Wirklichkeit gut getroffen, aber heute nicht mehr. Mir fällt dazu der *Westfälische Friede* ein, als irgendwelche Landesherren untereinander etwas aushandelten, um den Dreißigjährigen Krieg zu beenden, darauf vertrauend, dass das nach innen und nach außen, also national und international, hält: Klare territoriale Zuschreibungen in Form von Grenzen, mit einer unbestrittenen letzten Autorität des Landesherren; einer Autorität, auch Souveränität genannt. Heute tritt, anders als Mitte des 17. Jahrhunderts, an die Stelle der Landesherrn das Volk. Vor allem aber ist die Zeit, dass man in *nationalen* und *internationalen* Kategorien denkt, vorbei: Das Nationale wird durch die ökonomische, politische, kulturelle Globalisierung zersetzt; und das Internationale müsste daher dem

Trans- und Supranationalen Platz machen. Es geht nicht mehr um das Mit- und Neben- und Gegeneinander souveräner Nationen. Es geht um die politischen Korrektive der Globalisierung, und die kann nur trans- bzw. supranational erfolgen.

Busek: Das sieht man auch an den Vereinten Nationen.

Pelinka: Wie der Name schon sagt, Vereinte *Nationen*, das internationale Gremium schlechthin. Da wird alles mögliche unterschrieben, beispielsweise in den Sonderkommissionen zum Klimaschutz, dann regen sich die meisten auf, dass die USA nicht unterschreiben, aber der Witz ist ja: Die, die unterschrieben und ratifiziert haben, halten sich mit Sicherheit selbst nicht daran – da ist Österreich ein Musterbeispiel an Doppelmoral. Das heißt, diese Form der internationalen Politik, die auf dem Weiterbestehen souveräner Nationalstaaten baut, ist zunehmend zum Scheitern verurteilt. Das ist eine Welt von gestern.

Busek: Du meinst die Diplomatie allgemein?

Pelinka: Nein, nicht allgemein. Diplomatie hat schon eine große Bedeutung für humanitäre Dinge, auch um Personenschutz zu gewähren, aber zwischenstaatliche Organisationen tendieren dazu, museal zu werden: Interessant zu besichtigen, für sekundäre Aufgaben wichtig, aber wenn ich die Bezeichnung „Internationale Staatengemeinschaft" höre, weiß ich, das kann nicht funktionieren. Dahinter steckt immer ein bestimmtes Interesse einer bestimmten Nation, einer bestimmten Regierung. Kurzum: Die Staatengemeinschaft ist eine Fiktion, die es gar nicht gibt.

Busek: Was heißt dann „international" für dich?

Pelinka: Ich sage mal, was es nicht ist: Wenn „international" bedeutet, dass die Welt „zwischen den Nationen" beziehungsweise „zwischen den Regierungen" gestaltet wird, dann ist das von der Realität weit entfernt. Wenn aber „international" heißt, und das wäre mein Denkansatz, über den Tellerrand hinauszuschauen oder hinauszugehen und von anderen Staaten zu lernen, dann ist „international" das große Thema schlechthin. Deshalb würde ich den Begriff „transnational" bevorzugen – weil er die Einsicht in die Überholtheit des Nationalen beinhaltet.

Busek: Die „Insel der Seligen" gibt es nicht.

Pelinka: Nein. Diesen Ausdruck hat angeblich Papst Paul VI. gegenüber Bundespräsident Franz Jonas geäußert: „Österreich ist eine Insel der Seligen." Aber das ist Insel-Denken. Darüber müssen wir hinwegkommen, das gilt für das kleine Österreich genauso wie für China und die USA. Es muss uns klar sein: Überall sind andere, und mit „andere" meine ich nicht nur Staaten, sondern auch Regionen; und nicht nur geografische Regionen, sondern auch geistige Strömungen. Das sollte meiner Meinung nach das Wort „international" bedeuten: Grenzüberschreitung und Grenzaufhebung.

Busek: Das sehe ich auch so. Wenn ich mir die Fortschritte der Technologie ansehe, passiert heute sehr viel auf der Welt-Ebene, nicht international. Dass ökologische Probleme nicht vor nationalen Grenzen Halt machen, wissen wir, ich erwähne als Stichwort nur die Klimaerwärmung. Um Maßnahmen zu ergreifen, kann man auch nicht die

Welt nach nationalen Grenzen aufteilen, sondern muss zu gemeinsamen Ergebnissen kommen, was ohnehin nicht oder fast nicht gelingt. Das ist aber ein Lernvorgang, wobei er uns mehr kostet, je länger er dauert. Auch die politischen und kriegerischen Konflikte, die wir heute haben, sind zweifellos global. Das war zum Beispiel der Erste Weltkrieg noch nicht, der war weitgehend ein europäischer Krieg, der auch in den Kolonien ausgetragen wurde, aber er war noch kein Weltkrieg. Der Zweite Weltkrieg schon eher. Wenn ich mir dagegen heute allein den Krieg in Syrien anschaue, da mischen die USA und Russland kräftig mit, die Türkei, der Iran und viele andere Staaten. Wenn noch die Chinesen kommen, die ohnehin durch den UN-Sicherheitsrat involviert sind, dann ist es global.

Pelinka: Die Frage ist, wie gehen wir damit um?

Busek: Das ist genau die Frage. Ich stimme dir völlig zu, dass die Vereinten Nationen nicht tauglich sind. Das ist nicht erfreulich, aber …

Pelinka: …wir haben ja schon erwähnt, dass Saudi Arabien seinen Sitz im UN-Sicherheitsrat abgelehnt hat. Es war nicht wichtig genug. Das ist ja auch das schlechtest mögliche Zeugnis für die Vereinten Nationen.

Busek: Ich frage mich, ob wir eine Perspektive auf ein Weltparlament oder eine Weltregierung haben? Mir ist klar, dass wir davon unendlich weit entfernt sind, aber das sollten wir schon überlegen. Was sich ganz sicher verabschieden wird, ist die Rolle der Supermächte. Die werden in Zukunft nicht mehr die alleinigen Gestalter sein. Wir leben ja heute schon

in einer polyzentrischen Welt, wo mehrere Zentren nebeneinander und hoffentlich auch miteinander existieren.

Pelinka: Das ist ja interessanterweise auch eine Art „Rück-
kehr", weil das früher auch schon so war. Ungewöhnlich ist
die jetzige Situation, dass nur die USA als einzige Supermacht dastehen: Das gilt für die militärische, nicht die wirtschaftliche Macht der USA.

Busek: Ja, es wird auch keinen Weltpolizisten in der Zukunft
geben, wie die USA vor einiger Zeit noch bezeichnet wurde.
Was wir brauchen, sind Welt-Regelungen. Bislang gibt
es einen einzigen bescheidenen Versuch, und das ist der
Internationale Gerichtshof in Den Haag, der für Kriegs-
verbrechen zuständig ist, und der sich mit Mühe, aber stre-
ckenweise doch durchsetzt. Das finde ich sehr interessant.
So etwas gab es *de facto* noch nie. Dass das ein Grenzbe-
reich ist, sieht man, wenn man sich die World Trade Orga-
nisation anschaut: dort wird schon alles sehr schwierig, und
von den erwähnten Klimakonferenzen möchte ich gar nicht
reden. Das ist die Grundhaltung, nicht nur in Österreich:
Wir tun offiziell mit, aber es geht uns nichts an. Das ist die
Kleinstaaten-Denkart: *Wir Kleinen sind es eh nicht.* Und in
Wirklichkeit sind es alle. Dieses Bewusstsein müssen wir
noch erzeugen.

Pelinka: Die bipolare Weltordnung, wonach es eine erste
Welt und eine zweite Welt gibt, mit der dritten Welt als
eine Art Zuschauerbühne, wurde lange für ewigwährend
gehalten. Daher hat man versucht, aus den Umbrüchen
und Veränderungen der vergangenen Jahrzehnte eine neue
Ordnung herauszulesen. Da gibt es den Ansatz von Samuel

Huntington, der sein berühmtes Buch über den Konflikt der Zivilisationen geschrieben hat. Übrigens wurde der englische Originaltitel *Clash of Civilizations* in der deutschen Übersetzung zum *Kampf der Kulturen* umgesetzt.

Busek: Da braucht man nur den Thomas Mann zu lesen, dann weiß man den Unterschied zwischen Kultur und Zivilisation.

Pelinka: Dann gibt es den Ansatz von Francis Fukujama, der mir persönlich mehr zusagt. Er sieht einen erkennbaren Erfolg des Politikmusters westlicher Demokratie. Und schließlich gibt es noch den Ansatz von Henry Kissinger, der besagt, dass wir zu einer Art Metternich- und Bismarck-Europa zurückkehren werden, aber nicht auf Europa beschränkt, sondern auf der Weltbühne: Die Welt, gesteuert von einer Heiligen Allianz einiger weniger Mächte. Nach Kissinger wird es fünf, sechs, sieben oder acht Akteure geben, und den Kleineren bleibt, das nachzuvollziehen. Die Akteure nennt er auch: USA, China, Russland, Japan und Europa. Wie immer man zu dieser Idee stehen mag, es ist etwas dran. Die eine Zeit lang vorherrschende Sichtweise, dass die Hypermacht USA die einzige wirkliche Machtzentrale ist, hat sich inzwischen als falsch herausgestellt.

Busek: Spätestens mit dem Irak-Konflikt ist klar geworden, dass diese Vorstellung naiv war.

Pelinka: Richtig. Daher muss längerfristig ein System kommen, das über diesen Kissinger-Ansatz hinausgeht. Es zeichnen sich katastrophale Entwicklungen in der Ökologie ab,

damit verbunden eine Nahrungsmittel- und Wasserproble-
matik, wiederum damit verbunden Verteilungskämpfe. Und
wenn wir das alles politisch ordentlich in den Griff bekommen wollen, was wir ja müssen, dann wäre so etwas wie eine
global government, eine Weltregierung, die einzige Hoffnung:
Ein Gremium, das – anders als die Vereinten Nationen – sich
von der Fiktion nationaler Souveränität verabschiedet.

Busek: Davon sind wir Generationen weit entfernt.

Pelinka: Aber *denken* müssen wir es! Da ist die Generalversammlung der Vereinten Nationen ein schlechtes Vorbild. Wir brauchen uns nur anzusehen, wer von dieser zum
Schutz der Menschenrechte berufen wird: Ausgerechnet
Kuba!

Busek: Ja, das ist absurd!

Pelinka: Und es zeigt, wie wirklichkeitsfremd dieses Instrument der Vereinten Nationen ist.

Busek: Was scheint ein reales Ziel für dich?

Pelinka: Kissinger mit einem Hauch Fukujama. Anders
gesagt: Die Welt wird in Form eines Konflikt-Konsens-Ver-
hältnisses, wenn überhaupt, von fünf oder sechs Zentren
gesteuert ...

Busek: ... polyzentrisch, wie ich das nenne.

Pelinka: Dazu kommt der Hauch Fukujama, das heißt,
dass es innerhalb dieses Konzepts keine erkennbare anhal-

tende Alternative zur liberalen Demokratie gibt. Damit will ich nicht sagen, dass sich die liberale Demokratie überall durchgesetzt hätte, aber ihr ist die Antithese abhanden gekommen – die ist in Moskau gestorben, und Peking ist keine Antithese. Aber wenn wir wollen, dass es in einer Welt mit knappen Ressourcen eine friedliche Koexistenz gibt, braucht es eine transnationale oder eine supranationale Ordnung.

Busek: Dafür ist die EU eine Art Laboratorium.

Pelinka: Genau! Hier kann man in einer Region, die nicht die größte, aber auch nicht die kleinste ist, mal schauen, wie ist es möglich, dass wir den Gedanken von einer nationalen Souveränität überwinden. Ohne Kriege und Konflikte – wie dies in Europa nach den Katastrophen zweier Weltkriege und des Holocaust möglich wurde, dank des Integrationsprozesses, das ja letztlich nichts anderes als die schrittweise Aufgabe nationaler Souveränität ist. Das ist in Europa sicher leichter als weltweit. Das müssen wir aber global wenigstens gedanklich angehen.

Busek: Wo siehst du das größte Problem?

Pelinka: In der Ökologie. Es gibt Berechnungen, die aussagen: Wenn die Autodichte in der Volksrepublik China und in Indien jenes Niveau erreicht, wie es in Nordeuropa oder Westeuropa üblich ist, dann bricht das Weltklima zusammen.

Busek: Leider sind wir auf dem Weg dahin.

Pelinka: Ja, diese Staaten werden schon bald die gleiche Autodichte haben wie wir. Das heißt aber, dass es die Vorstellung: wir appellieren an China und Indien, seid doch so lieb und kauft keine Autos mehr, aber wir selbst behalten unsere schon – diese Vorstellung wird es nicht spielen. Aber es wird auch keine zentrale Autorität geben, die das verbietet. Und wir wissen nicht, wie wir damit umgehen. Daher sollte das Nichtwissen zum *Nachdenken* führen.

Busek: Da kommen ungeheure Probleme auf die Menschheit zu.

Pelinka: Wir können zumindest darüber nachdenken, wie es Europa gelernt hat, jenen Staaten, die der Illusion der Souveränität nachgehangen sind und teilweise noch nachhängen, etwas überzustülpen: nämlich eine Supranationalität. *Wir sind Teil der Europäischen Gemeinschaft,* einer sich verdichtenden politischen Union, in der die Souveränität geteilt ist – im Sinne eines europäischen Bundesstaates. Dieses Muster ist prinzipiell auch global vorstellbar.

Busek: Für wie real hältst du das?

Pelinka: Kurzfristig können wir das leider nicht umsetzen. Langfristig sollten wir so etwas zumindest andenken.

Busek: Ich würde bei dieser Diskussion, wo wir von den ökologischen Herausforderungen reden, gerne den demografischen Aspekt herausheben. Wenn wir vom Bevölkerungswachstum reden, müssen wir die Themen Wasser und Ernährung behandeln. Ich führe da gern meinen eigenen

Lebensbogen an. Von Beginn der Zeit, da ich Nachrichten bewusst aufgenommen habe, bis zur Gegenwart, ist die Zahl der Menschen von gut zwei Milliarden auf bald neun Milliarden angewachsen. So ein Neun-Milliarden-Koloss ist ja politisch ein Ungeheuer!

Pelinka: Die Konsequenzen werden ein gigantisches politisches Problem.

Busek: Das Bevölkerungswachstum wird oft als Schreckgespenst erwähnt, aber eigentlich geschieht nichts. Die Chinesen gehen wieder von ihrer Ein-Kind-Politik ab.

Pelinka: Kein Wunder, weil ihre demografische Pyramide zerstört wird. Es ist ja auch eine Horrorvorstellung: Es gibt nur noch Alte, aber keine Kinder mehr! Das ist einer der Gründe, warum Zuwanderung positiv zu sehen ist: Als Beitrag zur Stabilisierung der demographischen Pyramide.

Busek: Ja, furchtbar! Da gibt es offenkundig naturgesetzliche Ausgleiche.

Pelinka: Die man auch in Europa sieht. Die Ein-Kind-Praxis ist hier Realität, ganz ohne Anordnung von oben. Und es sind vor allem die katholisch geprägten Länder des europäischen Südens – Italien, Spanien, Portugal – in denen die Menschen das tun, was in China eine Diktatur verordnen musste: die Beschränkung auf ein Kind pro Familie.

Busek: Ich möchte aber gern auf Lösungsmöglichkeiten zugehen. Da gibt es dieses Modell von Mars und Venus.

Pelinka: Das hat Robert Kagan aufgebracht. Die USA ist Mars. Europa ist Venus.

Busek: Richtig. Es geht um nichts Geringeres als die Frage: Werden diese Ordnungsversuche auf kriegerischem Wege passieren oder durch Verständigung. Ich denke schon, dass Europa einen Beitrag zu einer friedlichen Koexistenz und zum globalen Zusammenleben leisten kann, denn das Mars-Modell ist ja bislang nicht ganz geglückt. Die Frage ist: Wie geschieht die Verständigung über ein allfälliges Venus-Modell?

Pelinka: Da muss man bedenken, Kagan hat diese Gedanken im Vorfeld des Irak-Krieges niedergeschrieben. Und obwohl er versucht hat, distanziert zu sein, erkennt man darin eine Art Rechtfertigung für das amerikanische Vorgehen. Kagan war sicherlich einer der Intelligentesten der amerikanischen Neokonservativen. Ich habe gerade absichtlich „war" gesagt, weil die Welt nach mehr als zehn Jahren, seit dem politischen de facto Scheitern der US-Intervention im Irak, schon ganz anders aussieht. Wenn wir uns an Libyen 2011 erinnern, so haben die USA gebremst, und es waren der britische Premierminister und der französische Präsident, die Mars vertreten haben. Ähnliches können wir in Syrien beobachten: Die USA sind heute mehr Venus als zuvor, und Europa hat wieder mehr vom Mars übernommen.

Busek: Ich möchte das in unserer Diskussion nicht auf Länder beziehen, sondern laut über eine Strategie nachdenken.

Pelinka: Darauf will ich hinaus: Bei Kagan gibt es die Feststellung, die USA gehen von einem Politikverständnis à la

Thomas Hobbes aus, anders gesagt: Der Krieg aller gegen alle ist der Naturzustand. Und Europa glaubt, laut Kagan, dass Immanuel Kant durchaus Realität werden kann, also der permanente Weltfriede, aufbauend auf Vernunft und Aufklärung. Aber ich meine, es kann kein Entweder-Oder sein. Es braucht Verhandlungsmodelle, es braucht eine Friedensorientierung, und da ist die EU kein schlechtes Vorbild. Aber es braucht sicher auch so etwas wie eine zentrale Autorität, letztendlich mit einem Gewaltmonopol. Das war ja der Grundgedanke der Vereinten Nationen, dass der Sicherheitsrat eine Art Gewaltmonopol bildet – wir wissen, das funktioniert überhaupt nicht. Die großen Kriege nach 1945, beginnend bei Vietnam bis Syrien, haben ohne Mitwirken des Sicherheitsrates stattgefunden. Wir dürfen nicht glauben, dass wir diesen Gegensatz zwischen Hobbes und Kant, zwischen Krieg und Frieden überwinden können, sondern wir müssen aufgrund historischer Gegebenheiten akzeptieren, dass Hobbes (leider) nicht einfach wegzuschieben ist; gleichzeitig brauchen wir das, wofür Kant steht, nämlich eine konstruktive, rationale, auf Verhandlungen und friedlichen Methoden basierende Lösung.

Busek: Aber wo ist der Hebel, um ansetzen zu können?

Pelinka: Das ist genau der Punkt! Eine gewisse Konsequenz sehe ich schon, dass in den USA nach dem überzogenen und letztlich auch nicht finanzierbaren Interventionismus in der Ära George W. Bush nun eine Ernüchterung eingetreten ist – die entweder in einen vernünftigen Multi-Polarismus führt (das wäre das positive Szenario) oder in einen neuen radikalen Isolationismus (das wäre das negative Szenario: die USA ziehen sich völlig zurück, wie zwischen 1919 und 1939).

Busek: Persönlich glaube ich, dass ein Isolationismus keine Chance hat, weil die genannten Probleme übergreifend sind, ob es einem passt oder nicht. Ökologische Probleme machen nicht an der Grenze halt, da reden wir von der Bevölkerungsexplosion, der Wasser- und Ernährungsproblematik und damit verbunden Migration, quasi eine neue Völkerwanderung. Da kann man nicht warten, bis eine Regierung dafür oder dagegen ist. Die Frage ist, wie man das bewältigt?

Pelinka: Wenn du sagst „Isolationismus hat keine Chance", bin ich in Hinblick auf die USA weniger optimistisch. In Amerika verbreitet sich eine Stimmung, dass man sich vom Rest der Welt abwendet. Die Amerikaner werden durch neue Technologien der Erdölgewinnung, durch Fracking, zunehmend energieunabhängig, sie sind inzwischen wieder zum weltgrößten Ölproduzenten der Welt geworden. Die brauchen den Rest der Welt nicht, und diese Geisteshaltung nimmt im Land zu. Das sieht man auch an der Tea-Party, in dieser Partei gibt es eine starke Neigung, den Rest der Welt zu ignorieren. Als Kontrapunkt dazu – und das gibt mir wieder Optimismus, dass die USA sich nicht einfach von der Welt verabschieden werden und wollen – fällt mir ein Erlebnis aus dem Jahr 1989 ein, als ich an der University of California (UCLA) war. Ein paar Wochen, bevor sich die Kosovo-Krise zugespitzt hat, haben mir die amerikanischen Studenten ständig die letzten Neuigkeiten aus dem Kosovo erzählt. Ich habe damals verwundert gefragt: „Woher wisst ihr das alles?" Und die Antwort war: „Wir haben hier an der Universität Internet, wir kommunizieren ständig mit einer Studentengruppe in Pristina." Das war 1989! Diese Studenten in Amerika wussten besser, was sich im Kosovo abspielt, als die meisten Menschen in Europa – nur durch die moderne Kommunikationstechnologie. Heute haben wir die *New Social Media*, wo sich jeder mit jedem egal wo auf der Welt austauscht. Kommunikation ist nicht mehr durch staatliche Grenzen bestimmt, sondern durch Bildungs- und Generationenunterschiede. Das ist Globalisierung. Und das ist auch eine große Chance, weil die neue Kommunikationstechnologie auch die nationale Beschränktheit der *civil society* aufhebt, die wir bis vor kurzem hatten.

Busek: Ich glaube, dass die zarten Ansätze einer *civil society*, die wir sehen, zunehmend in globale Dimensionen reichen. Eben wenn wir an die neuen Informationstechnologien denken …

Pelinka: … die vor wenigen Jahren noch gar nicht denkbar waren, Twitter, um ein weiteres Medium zu erwähnen, und Skype, Facebook, Google…

Busek: … zum Beispiel, das beschert uns völlig neue Wirklichkeiten. Wir wohnen in gewisser Weise schon näher beieinander, als wir das selbst zur Kenntnis nehmen. Du hast den Kosovo erwähnt, diese Geschichte ist 25 Jahre her, das waren die ersten Ansätze. Für den Arabischen Frühling hat Twitter schon eine große Rolle gespielt. Wie die Generationen mit diesen raschen technologischen und gesellschaftlichen Entwicklungen insgesamt umgehen werden, weiß ich nicht. Ich bin aber überzeugt, dass wir uns von der gegenwärtigen Ordnung verabschieden müssen. Sich über all das den Kopf zu zerbrechen, wäre von großem Interesse. Aus dem Grund habe ich den Internationalen Strafgerichtshof erwähnt, in Den Haag, …

Pelinka: Dem die USA leider nicht beigetreten sind, auch nicht Russland, nicht China, nicht Israel.

Busek: Aber ich glaube, und hier kommt der *civil-society*-Gedanke herein, dass der Druck in die Richtung steigt, dass man daran teilnehmen muss. Oder wir gehen in eine wirklich grausliche Welt, wo die Alternative immer nur Krieg sein wird. Ich finde das einen interessanten Gesichtspunkt, was du vertrittst, Toni: „Ein bisserl Krieg ist heilsam." Möglicherweise ist das richtig, aber schrecklich! So etwas kann man nicht verlangen: *Wir brauchen Krieg!* Wenn Krieg ausbricht, ist das einfach nur furchtbar, und daher müssen wir Mittel finden, die Dinge zu stoppen. Aber wir müssen begreifen, dass die Bedrohungen global sind. Es gibt einen Escapismus, die Neigung, sich abzumelden. Das hat der Wiener Musiker Arik Brauer so schön in seinem Lied formuliert: „Hinter meiner, vorder meiner, links, rechts gilt's nicht." Bloß die Haltung, den Kopf in den Sand zu stecken, ist nicht praktikabel. Wir müssen hier ja keine Untergangsszenarien herbeireden, sondern Handlungsmöglichkeiten aufzeigen. Dazu brauchen wir die Wissenschaftler und Medien, um das der Bevölkerung deutlich zu machen. Das kann man nicht von oben herab verordnen, das muss man begreifen.

Pelinka: Mir scheint, dass es in einer globalisierten Welt außerordentlich schwierig ist, zu verstehen: *Wer nimmt was* *wo wie wahr?* Begreift ein Bauer in China irgendein Ereignis genauso wie der Informatiker in Österreich? Welche Erwartungen hat man in unterschiedlichen Weltgegenden, in unterschiedlichen Gesellschaften? Da geht es nicht um Sprache. Da geht es um Wahrnehmung.

Busek: Ich liebe ein Bibelzitat. Die Jünger warten nach Kreuzigung und Auferstehung des Herrn, dass er wiederkommt. Sie sind versammelt und plötzlich kommt er von oben herab, das heißt, es kommt der Geist über sie, und dieser wird in der bildlichen Darstellung immer mit Feuerzungen dargestellt. Darunter steht ein wunderschöner Satz, der eigentlich eine permanente Herausforderung in der Weltgeschichte ist: „Ein jeder hörte den anderen in seiner Sprache reden." Da hat es keine Dolmetschkabinen gegeben, sondern das war eine Frage der Empathie.

Pelinka: Das ist wunderbar!

Busek: Und wie du vorhin gesagt hast: Das Einfühlungsvermögens ist in Hinblick auf die globalen Herausforderungen von ungeheurer Schwierigkeit. Das kann man ganz einfach sichtbar machen: Die, die kein Auto haben, die wollen gern eines. Die, die ein Auto haben, sagen: Du sollst keines mehr kriegen, weil das verträgt das Weltklima nicht. Und diese Problematik müssen wir noch angehen.

Pelinka: Wir haben ein Verteilungsproblem in der Gesellschaft, die extrem ungleich geschichtet ist – nämlich weltweit. Diese Ungerechtigkeit ist abstrakt leicht zu beantworten, aber konkret überhaupt nicht. Als Beispiele nenne ich das Thema Migration. Ich kann leicht *sagen*:

Die Gerechtigkeit erfordert, dass sich sofort 100 Millionen Menschen aus Afrika in Europa ansiedeln dürfen, aber es ist klar, dass wir das nicht einmal mit einer totalitären Diktatur in Europas durchsetzen könnten. Das ginge nicht!

Busek: Aber man kann auch feststellen, dass die Ungleichheit nicht zunimmt.

Pelinka: Stimmt. Sie nimmt sogar weltweit ab, je nachdem welche statistischen Indikatoren man heranzieht, unterschiedlich stark.

Busek: Es findet eine Konvergenz statt.

Pelinka: Ich nenne wieder nur als Beispiel die Alphabetisierung. Der Prozentsatz der Menschen, die nicht Lesen und Schreiben können, war weltweit noch nie so gering wie heute. Ein anderes Beispiel, die Lebenserwartung steigt in praktisch allen Weltregionen konstant an. Das sind nur zwei Faktoren: Bildung und Lebensstandard. Und dann möchte ich noch die materielle Verteilung erwähnen: Die ökonomische Globalisierung – die hat ja nicht erst gestern begonnen, sondern sich in den vergangenen Jahrzehnten enorm beschleunigt – hat dazu geführt, dass immer mehr Menschen auf der Welt zum Leben mehr zur Verfügung haben, als sie zum bloßen Überleben brauchen, vor allem dank der Entwicklungen in Ostasien und Südasien. Das möchte ich fast als Wohlstandsexplosion bezeichnen.

Busek: Das sieht man auch am Tourismus. Wenn vor 30 Jahren Menschen mit ostasiatischem Aussehen durch die Salzburger Innenstadt spazierten, war uns allen klar: Das sind Japaner. Heute wissen wir nicht: sind das Chinesen, Japaner oder Koreaner.

Pelinka: Zum Beispiel. Und in Innsbruck erlebe ich immer wieder, dass indische Reisegruppen nach Tirol kommen. Warum? Das hängt mit Bollywoodfilmen und einer Gletschervorliebe zusammen und der Schwierigkeit, solche Filme im kriegerischen Teil Kaschmirs zu drehen. Daher kommen diese Reisegruppen nach Tirol, um live zu sehen, wie schön die Gletscher sind, wo irgendeine Gottheit vom Himmel steigt und als *Deus ex machina* das Happy End bringt – das findet in Tirol statt. Das heißt, wir haben einen Massentourismus aus China und Indien nach Europa, was vor einer Generation noch undenkbar war. Und das ist ein Zeichen von mehr Wohlstand. Klar hat das einen ökologischen Preis: Wir können ausrechnen, wie hoch der CO_2-Ausstoß ist, wenn 100 Chinesen von Peking nach Innsbruck düsen; aber der ist genauso hoch, wenn 100 Tiroler von Innsbruck nach China fliegen. Und diese Entwicklung zeigt, dass es heute weltweit Konvergenz gibt, wie du gesagt hast, also Annäherung und in diesem Sinne mehr Gleichheit.

Busek: Auch die Chancen-Gleichheit hat zugenommen. Wenn ich auf meinen eigenen Lebensbogen zurückblicke, dann war die Ungleichheit in meiner Jugend dominant, wir haben gewusst: *Die haben nie eine Chance.* Das meine ich, sowohl auf Europa wie auch weltweit bezogen. Und das hat sich entschieden verbessert.

Pelinka: Auch in Österreich selbst. Trotz aller berechtigter Kritik am Bildungssystem, muss man festhalten: Die Chance, dass ein Bauernkind ein Studium absolviert, ist zwar nicht so groß, wie ich es mir wünschen würde, aber sie ist viel größer als je zuvor. Und wenn ich nun diese vermehrte Chancengleichheit auf die Welt beziehe, muss ich sagen, dass der verbreitete Globalisierungspessimismus eine totale Fehlsicht ist. Die ist auch eine Ausrede für das Nichtstun.

Busek: Ich erlebe es immer wieder, dass Leute bei Diskussionen aufstehen und sagen: „I wü die Globalierung net!" Dann weise ich immer darauf hin, dass das ein unvermeidlicher Prozess ist, der passiert, ob man „wü oder net".

Pelinka: Ja, das kenne ich auch. Denen muss man antworten: Wir wollen alle kein *global warming*, daher braucht es, um gegenzusteuern, eine *global governance*. Wir brauchen ein politisches System, das nicht wie in der Generalversammlung der UN die nationalen Wehwehchen als einzigen Maßstab hat. Wir müssen eine legitime, demokratische Autorität schaffen, die versucht, die vorhandenen Folgen der weltweiten Verteilungsungerechtigkeit in den Griff zu bekommen.

Busek: Auch hier gibt es einen Fortschritt, darauf möchte ich schon hinweisen. Vor 60 Jahren hätte die Feststellung, dass als Folge der Klimaerwärmung die Malediven im Meer versinken werden, niemanden emotional berührt, weil niemand wusste, wo die Malediven sind. Durch die *Betroffenheit* ist es schon zu einer Veränderung der Wahrnehmung gekommen. Wir wissen einfach viel mehr als vor 60 Jahren.

Pelinka: Ich habe oft den Eindruck, wenn Menschen sagen „Ich mag die Globalisierung nicht", dann steckt oft Faulheit dahinter. Faulheit, sich mit Ursache und Wirkung zu befassen. Natürlich kann man dann trotzdem unterschiedliche Schlussfolgerungen ziehen. Aber die Globalisierung nur negativ hinzustellen, als wäre das die Sintflut, die der *Herr* schickt, um uns zu bestrafen, das ist Faulheit, sich zu informieren. Was ich auch oft höre, ist der Glaube, dass es eine Verschwörung gibt, die Zentrale liegt dann meistens an der Ostküste der USA, wo man mit ordentlichem Druck die Globalisierung abdrehen könnte. Diese Bilder sind irrationaler Unfug, Flucht aus der Komplexität und die Sehnsucht nach einfachen Formeln – und für mich, nochmals, Zeichen von Denkfaulheit.

Busek: Wenn ich bei unseren biblischen Metaphern bleibe, lautet die wichtige Frage: Wie schaut die Arche Noah für die gegenwärtige Welt aus?

Pelinka: Das wäre ein schöner Schlusssatz für dieses Kapitel. Aber ich muss dazu noch eine Überlegung des britischen Schriftstellers Julian Barnes draufsetzen. Der hat die Frage aufgeworfen: Wie kommen die Holzwürmer in unsere Welt? Weil, wären die Holzwürmer auf der Arche Noah gewesen, hätte das niemand überlebt.

Busek: Bleibt die Frage, ob wir Menschen Holzwürmer sind?

Gedanken zu
Religion und Kirche

Pelinka: Ich schlage vor, dass wir dem Thema treu bleiben und uns Religion und Kirche zuwenden, zumal uns beiden der Glaube wichtig ist – wenn auch nicht unbedingt auf ein und dieselbe Weise.

Busek: Meinen christlichen familiären Hintergrund habe ich in diesem Gespräch schon öfter erwähnt. Davon abgesehen verdanke ich meine Grundeinstellung im Sinne einer Offenheit und Interesse an der Welt den unterschiedlichen katholischen Bewegungen, mit denen ich zu tun hatte, aber auch meinem protestantischen Vater! Für mein Leben und meinen Lebensablauf ist der Glaube entscheidend. Wobei mir klar ist, dass die katholische Kirche, genauso wie die Politik derzeit in einer entscheidenden Phase ist: Wie geht es weiter? Ich finde die Berufung von Papst Franz zunächst mal *interessant*.

Pelinka: Er versteht die Zeichensetzung sehr geschickt.

Busek: Mir hat ein Kurienkardinal, nämlich der Franzose Jean-Louis Tauran, der vom Balkon des Petersdoms aus den Namen des neuen Papstes ausgerufen hat, wirklich nette Geschichterln erzählt. Zum Beispiel, dass die Kurienbischöfe und Kardinäle jetzt die Goldkreuze abhängen und mit Holzkreuzen daherkommen. Und der Papst fragt sie alle: „Und was hast du mit dem Goldkreuz gemacht?"

Pelinka: Köstlich! Das sind geschickte Denkanstöße. Aber ich denke, die wesentliche Frage ist, wie die katholische Kirche die Rolle der Frau definiert. Den Zölibat kann man theologisch leichter lösen oder aufgeben. Es gibt leider seit Papst Benedikt XVI unsinnige Verfestigungen, die nur schwer korrigierbar sind. Zum Beispiel wurde unter ihm festgelegt und quasi theologisch entschieden, dass die Diskussion um das Frauenpriestertum erledigt sei, weil der *Herr* ja nur Männer zu Jüngern bestellt habe. Dass der *Herr* nur verheiratete Männer zu Jüngern bestellt hat und trotzdem die Kirche den Zölibat eingeführt hat, wurde nicht erwähnt.

Busek: Ja, 1000 Jahre später.

Pelinka: Und dass der *Herr* nur Juden zu Jüngern bestellt hat, hat nicht zur Konsequenz geführt, dass nur Juden katholische Priester werden dürfen.

Busek: Leider war der Paulus keine Frau!

Pelinka: Die Historizität von Doktrinen, die Einbettung von Aussagen in die sich wandelnden gesellschaftlichen Bedingungen, ist in Hinblick auf Frauen bei der katholischen Kirche überhaupt nicht angekommen. Das ist wie im Islam, dort ist die Historizität auch unterwickelt: Was vor eineinhalb Jahrtausenden im Koran festgehalten wurde, soll – ohne Rücksicht auf die zeitbedingte Relativität – auch heute noch wortwörtlich gelten. Wenn da im Koran steht: *Man muss die Hand abhacken.* Dann wird die Hand abgehackt, weil die das, jedenfalls in Saudi Arabien, wortwörtlich nehmen. Und diese Schere – ich meine jetzt in Bezug auf die katholische Kirche und die Rolle der Frauen – wird in Europa und Amerika immer weiter aufgehen. Leider hat Benedikt XVI in den vergangenen Jahren diese Kluft vergrößert. Statt die Möglichkeit zu ergreifen, die Absage an das Frauenpriestertum zu relativieren und damit eine spätere Neuorientierung anzudeuten, hat er diese Absage dogmatisch verhärtet – und damit die Kluft gegenüber den wichtigsten protestantischen Kirchen vertieft.

Busek: Kardinal Christoph Schönborn gibt selbst ja auch zu, dass das ein Problem ist. Seine Antworten lauten: „Die Zeit ist noch nicht reif" oder „Das ist ein Problem in Rom" usw. Das hängt immer davon ab, in welcher Tagesverfassung er ist und wie freundlich er sein will. Aber es ist generell eine Frage des Amtsverständnisses, ganz unabhängig vom Thema der Rolle der Frau in der Kirche. Die Ämter sind den geweihten Priestern vorbehalten, was ein völliger Blödsinn ist. Die Ämterverteilung in der Gemeinde braucht eine bestimmte Breite, die Amtsskala in der Kirche reicht vom Türsteher bis zum Diakon. Und diese Probleme wird die Kirche lösen müssen. Ich bin mir sicher, dass der Pfarrbetrieb in Österreich zusammenbräche, wenn es nicht die Frauen gäbe. Den Frauen ist zu verdanken, dass die Pfarren überhaupt noch am Leben sind. Das ist sich die gesamte Bodenmannschaft in den Pfarren völlig bewusst.

Pelinka: Ich weiß von Innsbruck, dass dort die katholische Fakultät schon lange eine weibliche Mehrheit unter den Studierenden hat. Das heißt, die ursprüngliche Funktion der Priesterausbildung findet dort nur noch am Rande statt.

Busek: Jemand hat einmal sehr kritisch angemerkt, dass das sechste Gebot der Bibel gegenwärtig offensichtlich das erste Gebot sei. Mir ist der Umgang der katholischen Kirche mit der Geschlechtlichkeit schon lange ein Rätsel.

Das verursacht unheimlich viele Probleme, ich denke nur an die Geschichte mit Kardinal Groer. Im Juli 1986 gab Rom bekannt, dass Hans Hermann Groer der Nachfolger von Kardinal Franz König werden sollte. Seine pädophile Neigung war damals in der Kirche gerüchteweise bekannt. Offensichtlich hat das entweder niemand nach Rom berichtet, oder man hat aus anderen Gründen seitens einer Gruppe im Vatikan darüber hinweggesehen, weil die Grundhaltung Groers angenehm war. Ein anderer Fall ist die Bestellung des Weihbischofs von Wien, Kurt Krenn, zum Diözesanbischof von St. Pölten – ein weiteres Problem auch für die Politik. Für mich war klar, dass sich der Ministerrat gegen die Ernennung aussprechen sollte. Die Ernennung eines Diözesanbischofs braucht nach dem Konkordat die Zustimmung des Ministerrats. Ich war bereit, im Ministerrat dagegen zu stimmen und hätte sie damit blockiert. Als ich den ressortzuständigen Außenminister für den Vorschlag mit meiner Haltung konfrontiert habe, da hat Alois Mock geantwortet: „Ich habe ja schon dem Nuntius zugesagt."

Pelinka: Mock war damals auch Parteiobmann der ÖVP.

Busek: Ich habe ihn perplex angesehen und gesagt: „Du, bitte, ohne Ministerratsbeschluss?!" Seine Antwort: „Ja, wenn du mich öffentlich blamieren willst, noch dazu in meiner Diözese in St. Pölten. Ich kann nicht anders." Er und ich waren wirklich am Boden zerstört – aus verschiedenen Gründen.

Pelinka: Welche Begründung hättest du für das „Nein" gegeben?

Busek: Dass wir die Verpflichtung haben, auch in den Kirchen für Frieden zu sorgen. Und dass es dagegen erhebliche Widerstände gibt. Mir war klar, dass das einen Konflikt geben würde, aber aus Rücksicht auf den schon damals schwer kranken Alois Mock habe ich das nicht zusammengebracht."

Pelinka: Das wäre ja spannend gewesen. Hat es das überhaupt schon einmal gegeben in der österreichischen Kirche?

Busek: Nein, noch nie. Ich habe mich dann – das sage ich ganz ehrlich – irgendwie nicht getraut. Ich habe dann Bundeskanzler Franz Vranitzky den Vorschlag gemacht, einseitig auf dieses Recht zu verzichten. Das wollte er nicht, wobei ich nie verstanden habe warum. Eine besondere Relation zum Vatikan ist es sicher nicht gewesen. Es hätte eine große Aufregung gegeben, aber wir hätten uns in der Katholischen Kirche auch einiges erspart. Trotz aller Kritik an der Kirche möchte ich festhalten, dass bei Menschen eine Sehnsucht nach Werten vorhanden ist. Meist ist das ein wenig unklar, so nach dem Motto: „Irgendetwas muss es da noch geben."

Pelinka: Die Frage nach dem Woher und Wohin.

Busek: Genau. Die Frage nach dem Sinn, nach den Werten – diese gibt Religion, und daher wollen die meisten Menschen getauft und von einen Geistlichen beerdigt werden; früher wurde man auch noch gefirmt, wegen der Armbanduhr, aber das ist weniger geworden. Aber keine Frage ist für mich, dass Kirchen zugesperrt werden müssen, weil die Gläubigen und das Geld fehlen. Bisher hat das immer zu großen Aufregungen geführt, aber der Glaube besteht nicht aus vielen Kirchengebäuden allein.

Pelinka: Das geschieht ja schon.

Busek: Darüber gibt es Debatten, was ich sehr interessant finde, weil den Menschen die Kirchen dann abgehen. Die fehlen sozusagen im Landschaftsbild. *Die war schon seit meiner Kindheit da, und jetzt ist sie weg und fehlt mir.* Ich habe auch den Eindruck, dass die Nachfrage nach einer grundsätzlichen religiösen Orientierung zunimmt. Ich bin mehrfach von jungen Österreichern, die zum Islam übergetreten sind, angesprochen worden.

Pelinka: Wo?

Busek: In der Öffentlichkeit, zum Beispiel in der Straßenbahn in Wien. Ich frage natürlich: „Warum sind Sie konvertiert?" Und die Antwort lautet dann: „Die wollen noch etwas von einem." Das finde ich eine sehr interessante Antwort. Da spielt das Verlangen nach einer rigideren Auffassung von Glauben eine Rolle; und diese Erkenntnis stärkt in der katholischen Kirche die etwas Fundamentalistischeren.

Pelinka: Das erklärt auch, warum Stift Heiligenkreuz so einen Zulauf hat.

Busek: Heiligenkreuz war in seiner ganzen Geschichte noch nie so groß wie jetzt. Andere Stifte sind fast leer, und das beinahe fundamentalistische Heiligenkreuz quillt über. Die Kehrseite ist, dass die psychischen Grenzfälle von Leuten, die Theologen oder Priester werden wollen, zunehmen, das hat mir der ehemalige Abt von Heiligenkreuz bestätigt. Nicht unbedingt auf Heiligenkreuz bezogen, sondern generell in Österreich.

Pelinka: Es gibt auf alle Fälle ein Bedürfnis nach Werten, Orientierung etc. Ich war um den 11. September 2001 als Gastprofessor in den USA und habe im Land miterlebt, wie die Flugzeuge ins World Trade Center donnerten. Ein paar Tage später hat George W. Bush in der National Cathedral in Washington eine große Gedenkveranstaltung abgehalten. Dort saßen aufgereiht: der Vertreter der katholischen Bischöfe, aller relevanten evangelischer Konfessionen, des Judentums, Islams, Hinduismus, Buddhismus usw. Und die saßen gleichberechtigt nebeneinander. Ich fand das insofern interessant, weil dahinter auch eine politische Botschaft steckte: Da haben uns Muslime etwas angetan, aber seht her: Die amerikanischen Muslime trauern um die Opfer des Terroranschlages. Diese Art von Gleichberechtigung kann man in Österreich nicht erleben, dass die anderen Religionsgemeinschaften auf Augenhöhe mit der katholische Kirche sind.

Busek: Das stimmt, aber es hat auch einen guten formalen Grund. Ein Kardinal ist vom Protokoll her ein Vertreter des Vatikans und als solcher muss er vorne sitzen. Das ist diplomatisches Protokoll. Ich habe aber schon Veranstaltungen erlebt, wo die Konfessionen miteinander erscheinen, und das ist natürlich wegen der bunten Mischung von Ostkirchen, die wir in Österreich haben, auch sehr hübsch anzusehen. Das wirkt optisch einfach gut.

Pelinka: Die Briten haben das Königshaus und die Queen.

Busek: Bei uns gibt es die Liturgien – da gibt's etwas zu sehen. Und da hat die islamische Kommunität niemanden in auffälliger Kostümierung, wie das bei Kardinälen der Fall ist. Bei den Juden erscheint der Oberrabbiner und auch der gibt von der Optik viel her.

Pelinka: Wenn er erst zu Singen beginnt – herrlich!

Busek: Die Salzburger Festspiele haben eine *Ouverture spirituelle*, eine Idee des Intendanten Alexander Pereira, der vor Beginn der Festspiele geistliche Musik aufführt. Es beginnt mit der *Schöpfung* von Joseph Haydn, dann folgte im ersten Jahr jüdisch-christliche Musik, im zweiten Jahr buddhistische-shintoistische Musik und 2014 kommt islamische Musik. Und bislang war jedes Mal der Veranstaltungssaal voll! Ursprünglich haben die Leute – gut österreichisch – gejammert: *Da kommt keiner, das wird nur ein Verlustgeschäft* usw. Die Karten sind weggegangen wie warme Semmeln. Dazu macht das Herbert-Batliner-Europainstitut, dessen Vorsitzender ich bin, auch öffentliche Diskussionen, das nennen wir bisserl großspurig *Disputationes*, und das Haus ist immer voll.

Pelinka: Worum geht es da beispielsweise?

Busek: Es wurden zum Beispiel in einer Parallelveranstaltung die ungeheuren Ähnlichkeiten zwischen buddhistischen Mönchsgesängen und gregorianischen Chorälen dargestellt. Das hat die Menschen ganz eigentümlich berührt – im Sinne eines größeren Verständnisses. Das geht in die Globalisierungsdebatte hinein.

Pelinka: Ich glaube, dass man Menschen mit Kunst und Kultur leichter erreicht als mit Politik. Politik erfordert komplexe Analysen, Anstrengung, Vertiefung. Und gleichzeitig ist Politik – jedenfalls in der Demokratie – für alle da, und das wird auch als eine Art nur zu oft lästige Verpflichtung verstanden. Kunst und Kultur haftet hingen der Charakter des Freiwilligen an – niemand fühlt sich verpflichtet, eine Meinung zu einer Burgtheaterinszenierung zu haben; aber alle sehen sich verpflichtet, eine Meinung über die Regierung zu haben. Das ist einerseits richtig und wichtig – aber andererseits wird dadurch Politik für viele zur Pflichtübung.

Busek: Sicher. Kunst ist auch viel internationaler vernetzt, da fragt niemand: „Wo kommt der her?" Spontan fällt mir der berühmte Dirigent Zubin Mehta ein, der arbeitet gleichzeitig in Europa und in Israel und ist indischer Staatsbürger. Das ist schon ein Zeichen, da geht es einzig und allein um Qualität.

Pelinka: Das ist für die führenden Opernhäuser der Welt charakteristisch. Das ist sehr positiv! Das ist für mich ein Zeichen der Globalisierung, dass die Herkunft ein *Null-Faktor* geworden ist – und dass Globalisierung nicht gleichzusetzen ist mit Ausbeutung.

Busek: Wir müssen uns diesem Verständigungsproblem zwischen Kulturen und Religionen viel stärker widmen. Ich möchte noch eine Erfahrung hier erzählen: Ich war an die Islamische Universität Istanbul, die auf der asiatischen Seite der Türkei liegt, zu einem Kongress der Theologischen Fakultät eingeladen. Es ging um das Verständnis von Gott und die

Bedeutung für die Politik. Dort sind mir die religiöse Vielfalt und die kulturellen Schwierigkeiten innerhalb des Islam aufgefallen, auch die Schwierigkeit, mit unserer westlichen Welt zurecht zu kommen. Es gab die Repräsentanten der islamischen Fakultät, also Theologen, die waren in unserem westlichen Sinn gekleidet. Dann sprachen fachlich ganz ausgezeichnete Theologinnen, die in Kopftuch und Kaftan gehüllt waren. Es liefen Studenten herum, wo man gedacht hat, die stammen von einer amerikanischen Universität und Studentinnen, die verhüllt waren, niemandem die Hand gegeben, nur ins Ohr geflüstert haben usw. Die ganze breite Palette. Und ich bin überzeugt, dass es in Hinblick auf diesen interkulturellen Verständigungsprozess noch sehr viel zu tun gibt.

Pelinka: Ja, wir müssen diese „Buntheit", die es ja real in der Welt gibt, erkennen und anerkennen. Gerade beim Islam ist die Neigung, diesen eindimensional zu sehen, sehr hoch. Dabei ist er unglaublich vielfältig. Ich habe das mal in Indien in Neu-Delhi erlebt. Dort ist ja der Dalai Lama und die tibetische Exilregierung beheimatet. Der Dalai Lama hat also in einem Park vor hunderttausenden Besuchern gesprochen. Es wurde religiöse Musik gespielt, es gab hinduistische Tänze, jüdische Schofar-Bläser, darüber hinaus gab es christliche und islamische Aufführungen. Sikhs waren ebenso beteiligt wie Buddhisten. Und das in Indien, wo immer die Gefahr besteht, dass die einen aus religiösen Vorwänden heraus und mit Mordlust über die anderen herfallen. Der Dalai Lama war in seiner Ansprache sehr kosmopolitisch, er hat von der Wichtigkeit der Religionen und von religiöser Toleranz gesprochen. Das hat mich sehr beeindruckt! Das war religiös bestimmter Multikulturalismus!

Busek: Speziell in Indien, wo Moscheen gestürmt werden und es zu fast kriegerischen Auseinandersetzungen in der Bevölkerung kommt.

Pelinka: Ja, das ist dann ein wechselseitiges Abschlachten. Was man daran sieht, ist: Einerseits bietet Religion Werte und Sinn an, andererseits ist Religion das Instrument zum Krieg, wobei dieselben Werte anders interpretiert werden. Aus dieser Ambivalenz mögen wir in Europa im Moment herausgefunden haben – wobei, wenn ich nach Bosnien-Herzegowina blicke, bin ich mir auch da nicht sicher.

Busek: In Hinblick auf die zerstörerische Kraft der Religion muss ich dir Recht geben. Das zeigt auch die Geschichte. Aber ich denke, dass die größte Gefahr derzeit vom Islam ausgeht. Daher müssen wir das Verständnis vom jeweils anderen verbessern. Wenn wir heute gern die Taliban für alles verantwortlich machen, dürfen wir nicht vergessen, dass erst vor gar nicht langer Zeit von Kreuzzügen die Rede war.

Pelinka: George W. Bush.

Busek: Oder hierzulande Bischof Kurt Krenn, der von einer „Dritten Türkenbelagerung" gesprochen hat.

Pelinka: Um Gottes willen, der Krenn, richtig!

Busek: Die Ironie ist, dass er auch gesagt hat: „Kein Halbmond am Stephansdom." Obwohl gerade am Stephansdom mal ein Halbmond oben war, allerdings mit einer Marienstatue drauf, die irgendwann von einem Kreuz ersetzt wurde. Eine historische Ironie.

Pelinka: Da gibt es eine Menge verrückter Aussagen.

Busek: Ich stelle aber schon fest, dass der Islam, wo immer er auftritt, mit stärkerer religiöser und politischer Überzeugung daherkommt. Und dem haben wir gegenwärtig nichts entgegenzusetzen, weil es eine christliche Abendlandkultur nicht mehr gibt. Wir brauchen dringend mehr Verständigung und Verständnis füreinander und mit den anderen. Denn der Islam ist heute die zweitgrößte Religion in Wien. Ich bin noch aufgewachsen mit acht Prozent Protestanten, die sind heute bei zwei oder drei Prozent. Und der Islam ist in Wien doppelt so hoch.

Pelinka: Auch österreichweit: sechs Prozent. Aber das Problem ist eigentlich, dass die Religion der EU die Religionsfreiheit ist. Ich sehe, dass diese Religionsfreiheit von Vielen als Leere empfunden wird. Das ist nicht meine Haltung, um das hier nochmals zu betonen: Liberale Grundrechte und Religionsfreiheit sollen die Grundlage der Europäischen Union sein. Aber diese Leere erklärt, was du gesagt hast, Erhard: Dass es bei manchen Menschen ein Bedürfnis nach mehr Herausforderung gibt; die wollen in die Pflicht genommen sein und wenden sich daher zum Beispiel dem Islam zu oder den rigideren Vertretern der katholischen Kirche. Ich orte hier eine kognitive Dissonanz zwischen, einerseits, der rational überzeugenden Ansicht, dass eine politische Ordnung und das Zusammenleben der Menschen auf Basis der Religionsfreiheit möglich ist; und andererseits dem Bedürfnis nach Eindeutigkeit und Einfachheit – ich betone jeweils das *Ein-* in den beiden Wörtern. Aber die rationale Antwort lautet: Die *eine* Antwort gibt es nicht, sondern viele. Und diese müssen koexistieren.

Das befriedigt offenbar viele Menschen nicht. Und auf diese Bedürftigkeit, auf diese kognitive Dissonanz trifft das fundamentalistische Angebot einer bestimmten Interpretation des Islam.

Busek: Die Diesseitigkeit kann die Frage nach der Jenseitigkeit nicht beantworten.

PERSONENVERZEICHNIS

A
Adorno, Theodor 80
Alaba, David 37, 52
Androsch, Hannes 119, 120
Antall, Josef 60

B
Barnes, Julian 184
Berisha, Sali 142
Blau, Paul 75
Blecha, Karl 88
Brauer, Arik 179
Broda, Christian 129
Bush, George W. 17, 48, 53, 54, 134, 176, 193, 197
Buttiglione, Rocco 25
Buzek, Jerzy 28

C
Churchill, Winston 14, 16
Clinton, Bill 17, 18, 26
Coudenhove-Kalergi, Richard 16

D
Dalai Lama 196
Deix, Manfred 105, 106
Delors, Jaques 16
Dogudan, Attila 37, 52

E
Einem, Caspar 39
Eisenhower, Dwight D 109
Erdogan, Recep 53, 55

F
Faymann, Werner 92
Ferrero-Waldner, Benita 118, 119

N
Neugebauer, Fritz 86

O
Obama, Barack 26, 83, 133, 134
Orbán, Viktor 58, 61, 62, 63, 117, 142, 143

P
Papst Benedikt XVI 188
Papst Franziskus 187
Patton, Chris 120
Pereira, Alexander 194
Peter, Friedrich 74
Pröll, Erwin 112, 113
Pröll, Josef 92
Putin, Wladimir 153

R
Raab, Julius 67, 77
Reagan, Ronald 134
Renner, Karl 73
Rosenkranz, Barbara 122

S
Sarközi, Rudolf 43
Sarkozy, Nicolas 42, 43
Schärf, Adolf 77
Schily, Otto 39
Schiwkow, Todor 156
Schmidt, Helmut 106
Schmied, Claudia 103
Schönborn, Kardinal Christoph 189
Schröder, Gerhard 116, 124
Schulz, Martin 25

Schüssel, Wolfgang 54, 110, 112, 113, 114, 115, 116, 117,
 118, 120, 121, 122
Spindelegger, Michael 162
Stalin, Josef 109
Steiner, Kurt 48, 49
Steiner, Michael 116
Strauß, Franz-Josef 62
Stronach, Frank 88, 124
Swoboda, Hannes 19

T
Tauran, Jean-Louis 187
Tito, Josip Broz 159, 160
Tudjman, Franjo 160

V
Verne, Jules 20
Vranitzky, Franz 109, 110, 111, 114, 115, 158, 191

W
Wagner, Leopold 74
Waldbrunner, Karl 99
Waldheim, Kurt 75
Westenthaler, Peter 118
Wiesenthal, Simon 74, 75
Wilders, Geert 62, 85

Z
Zedong, Mao 137